사고력을 키우는
학문 목적의 읽기

외국인 유학생을 위한 교양 한국어

사고력을 키우는
학문 목적의 읽기

김경훤 박현수 이수미 신필여 이종호 지음

성균관대학교
출 판 부

　　최근 한국 대학에서는 유학생 수가 많아짐에 따라 그들의 학업 능력에 대한
관심도 높아지고 있다. 일반 목적의 한국어와 대학에서 필요한 학문 목적의 한
국어는 그 내용과 수준에 큰 차이가 있다. 유학생의 원만한 대학 생활을 위해서
는 한국어 교육원에서 배웠던 일상생활의 영위를 위한 기초적 한국어 능력만으
로는 부족하다. 대학에서 이루어지는 의사소통은 격식적인 상황에서 문어 중심
으로 진행되는 특징이 있기 때문이다. 또한 일반교양 지식은 물론 전문 지식을
학습할 수 있는 정도의 한국어 능력도 필요하다. 이러한 언어 능력을 제대로 갖
추지 못한다면 유학생들이 대학 생활을 제대로 영위하기 힘들다. 그리고 무엇보
다도 대학에서의 수학 능력을 극대화하기 위해서는 학습 언어 능력을 키우는 것
이 시급하고 필수적이다.

　　이러한 문제의식을 바탕으로 성균관대학교 학부대학에서는 〈유학생을 위한
한국어 교재〉 시리즈를 개발하여 세상에 내놓았다. 이 시리즈는 유학생들이 대
학의 학업을 성공적으로 수행하도록 돕는 데에 목표를 두고 있다. 대학에서 필
요한 한국어 의사소통 능력과 함께 학업에 필요한 실제적인 기술들을 중심으로
구성하였으므로 학습 과정 동안 점진적으로 한국어 능력은 물론 학업 능력까지
자연스럽게 향상될 것으로 믿는다.

　　이 책은 〈유학생을 위한 한국어 교재〉 시리즈 가운데 『사고력을 키우는 읽기

의 기술』과 이어진다. 『사고력을 키우는 읽기의 기술』은 읽기의 기술을 집중적으로 다루어 능숙하게 읽을 수 있는 능력을 키울 수 있게 하였다. 이에 더해 이 교재는 읽기의 기술을 바탕으로 다양한 전공서적이나 교양서적을 읽을 수 있는 능력을 배양하는 데 초점을 맞추었다. 그 과정에서 한국어 읽기 능력뿐만 아니라 전공이나 교양 수업을 수학하는 데 필요한 자질 역시 향상시키고자 했다.

『사고력을 키우는 학문 목적의 읽기』는 크게 공통, 인문·예술, 사회 과학, 경영·경제, 자연 과학 등 다섯 가지 영역으로 구성되었다. 다섯 가지 영역을 기준으로 한 것은 학습자의 전공에 맞춘 집중적이고 통합적인 학습을 고려에 둔 데 따른다. 다섯 가지 영역은 독립적이면서도 연계성을 지닐 수 있도록 편성되었다. 이를 통해 공통 영역을 학습한 후에는 학습자의 전공에 따라 혹은 관심에 따라 필요한 영역들을 학습하는 것이 가능하다.

『사고력을 키우는 학문 목적의 읽기』는 모두 13개의 단원으로 이루어져 있다. 또 각 단원은 들어가기, 읽기 자료1, 읽기 자료2, 심화 활동, 읽기의 기술 등 다섯 개의 과정으로 구성되었다. 들어가기는 읽기 자료 1, 2의 주제를 생각하고 이야기해 보는 도입 과정이다. 읽기 자료 1, 2는 영역을 중심으로 관련 주제에 해당하는 텍스트를 배치하였다. 심화 활동은 읽기 자료 1, 2와 그것을 통해 학습한 주제에 대해 자신의 생각을 심화시키고 다른 학생들과 토론해 볼 수 있도록 했다. 읽기의 기술은 앞선 시리즈에서 배운 내용을 환기하고 읽기의 능력을 향상시킬 수 있게 마련되었다.

2016년 2학기에 성균관대학교 학부대학의 한국어 집중학습 과정이 1년으로 확대되면서, 2학기용 교재의 필요성이 대두되었다. 이 책은 1학기용 읽기 교재인 『사고력을 키우는 읽기의 기술』과 이어진다. 하지만 공통, 인문·예술, 사회 과학, 경영·경제, 자연 과학 등 다섯 가지로 구성되어, 영역별로 심화된 읽기 능력을 키울 수 있는 교재라는 점에서 독립적인 성격 역시 지닌다. 학문 목적 한국어 읽기 교육에 대한 사회문화적 요구, 학습자의 바람, 교수자의 요구를 반영하면서 유학생들이 전공이나 교양서적을 읽고 이해하는 능력과 그것을 요약하는 능력을 향상시키는 데 중심을 둔 것이다. 이 교재와 〈유학생을 위한 한국어 교재〉 시리즈를 통해 유학생들이 학업 능력을 향상하여 한국에서 대학 생활을 만족스럽게 즐기고, 학업 성과도 크게 거두기를 기대한다.

마지막으로, 교재 준비 단계부터 집필의 전 과정에서 작업이 수월하게 진행될 수 있도록 많은 도움을 주신 학부대학 유홍준 학장님과 실무 관계자들께 감사드린다. 또한 저자의 한 사람으로서 이 교재의 집필에 참여해주신 여러 선생님들께 진심으로 감사의 마음을 전한다. 덧붙여 이 교재들은 교육 프로그램과 관련되어 있어서 여러 종류의 교재 출판이 동시에 진행될 수밖에 없었다. 사정이 이러함에도 불구하고 출판 일정, 삽화, 교열 교정까지 꼼꼼하게 점검해 주신 성균관대학교 출판부 관계자 여러분께도 감사드린다.

2020년 4월
공동 저자 대표 김경훤

・일러두기・

『사고력을 키우는 학문 목적의 읽기』는 대학 수학 능력의 향상을 목적으로 한 『사고력을 키우는 읽기의 기술』의 심화 과정으로 개발된 교재이다. 특히 『사고력을 키우는 학문 목적의 읽기』는 외국인 유학생들이 다양한 전공 영역의 텍스트를 읽고 이해하는 능력을 향상시킬 뿐만 아니라 읽은 내용에 대한 자신의 의견을 말하고, 쓰는 능력을 함양하여 궁극적으로 대학 수학 능력을 향상시킬 수 있도록 하였다.

『사고력을 키우는 학문 목적의 읽기』는 전공 영역별 읽기 과정으로 주제 중심 교수요목으로 구성하였다. 영역은 공통 영역, 인문·예술 영역, 사회 과학 영역, 경영·경제 영역, 자연 과학 영역으로 구성하였으며 각 영역 안에는 전공을 대표할 수 있는 주제로 구성하고자 하였다. 특히 앞부분은 공통 영역을 두어 『사고력을 키우는 읽기의 기술』에서 학생들이 학습한 내용의 연장선상에서 난이도를 선정하되 긴 호흡으로 읽을 수 있는 연습이 가능하도록 두 개의 보편적인 주제를 선정하였다. 전공 영역은 두세 개의 과로 구성하였으며 각 과는 독립적으로 구성하되 두세 개의 과가 하나의 전공 영역으로 묶일 수 있도록 하였다. 특히 각 과는 하나의 주제 안에 두 개의 읽기 자료를 두어 주제에 대한 심층적인 이해가 가능하도록 구성하였다.

『사고력을 키우는 학문 목적의 읽기』는 유학생을 대상으로 대학 수업에서 사용할 목적으로 개발되었다. 이에 강의 시간을 고려하여 75분 안에 한 개의 읽기 텍스트의 수업이 가능하도록 하였다. 한 과는 크게 '들어가기 → 읽기 자료 1 → 읽기 자료 2 → 심화 활동 → 읽기의 기술'로 구성하였다. 먼저, 들어가기에서는 읽을 텍스트에 대한 주제를 도입하고 학생들의 배경 지식을 활성화하도록 하였다. 무엇보다 읽을 두 개의 텍스트에 대한 주제를 생각해 보고 이야기해 보는 활동이 가능하도록 구성하였다. 읽기 자료의 구성은 텍스트를 읽고, 읽은 내용에 대한 사실적 이해를 바탕으로 한 질문에 이어 '생각 나누기'를 두어 자신의 의견을 말하거나 쓰는 활동을 강화하고자 하였다. 매 과의 마지막 부분에는 '심화 활동'을 두어 하나의 주제가 끝난 후 이에 대해 자신의 의견을 말하거나 다른 사람의 이야기를 들으면서 정리할 수 있는 활동을 두었다. 또한 『사고력을 키우는 읽기의 기술』에서 익힌 부분을 연습하고 내재화할 수 있도록 '읽기의 기술'을 두어 읽기의 개념적 지식뿐만 아니라 '읽기 기술'에서 설명한 내용을 확인할 수 있도록 하였다.

각 단원별 세부 내용은 아래와 같다.

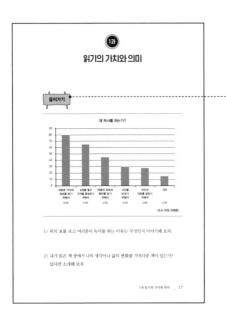

들어가기

- 읽을 주제에 대한 배경 지식을 활성화시키는 역할을 한다.
- 단원의 주제에 대해 미리 생각하고 이야기해 보도록 하였다.

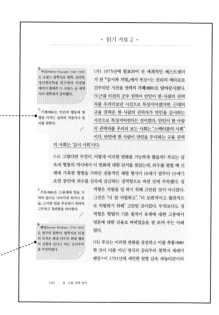

- 파란색 바탕의 날개는 읽기 자료 이해를 위해 필요한 핵심 어휘의 이해 및 맥락상의 이해를 강화하는 역할을 한다.
- 분홍색 바탕의 날개는 읽기 자료 이해를 위한 보충, 보완 자료의 성격을 지닌다.

- 사실적 이해 질문에서 시작하여 추론적 이해가 가능하도록 다양한 질문으로 구성하였다.
- 읽은 내용에 대해 자신의 언어로 기술할 수 있도록 쓰기를 강화하는 활동을 두었다.

- 읽기 자료의 이해를 돕기 위해 필요한 정보를 제공하였다.
- 시각적 자료를 제시하여 텍스트 이해의 폭을 높이고자 하였다.

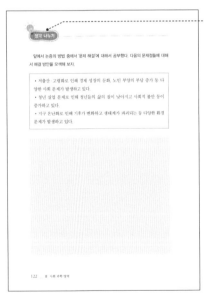

생각 나누기

- 읽기 자료의 내용에 대해 자신의 생각을 정리하거나 친구들과의 모둠 활동이 가능하도록 하였다.
- 읽기 자료의 주제에 대해 다양한 측면에서 접근하여 비판적 사고가 가능하도록 구성하였다.

- 읽기 자료의 주제를 통해 알게 된 정보, 읽고 이해한 내용 등을 바탕으로 말하기나 쓰기와 연계할 수 있는 과제로 제시하였다.
- 전공 영역에서 읽은 내용에 대한 사실적 이해를 바탕으로 자신의 생각을 정리하고 발표할 수 있는 능력을 키우도록 하였다.

- 매 단원 마지막 부분에 읽기의 기술을 두어 『사고력을 키우는 읽기의 기술』에서 학습한 내용을 강화하고자 하였다.
- 읽기에 필요한 개념적인 지식뿐만 아니라 이를 확인할 수 있도록 비교적 짧은 텍스트를 두어 지식을 내재화하도록 하였다.

• 목차 •

I

공통 영역

II

인문 · 예술 영역

I

공통 영역

읽기의 가치와 의미

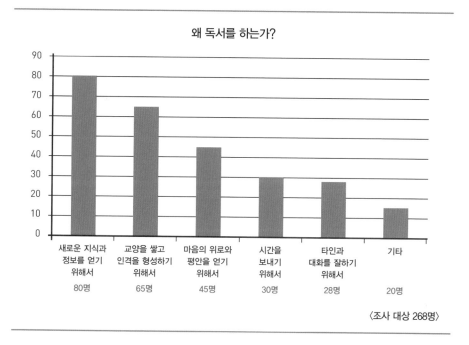

왜 독서를 하는가?

〈조사 대상 268명〉

1) 위의 표를 보고 여러분이 독서를 하는 이유는 무엇인지 이야기해 보자.

2) 내가 읽은 책 중에서 나의 생각이나 삶의 변화를 가져다준 책이 있는가?
   있다면 소개해 보자.

흔히 독서를 독자와 책의 만남이라고 한다. 만남은 곧 대화를 의미한다. 글을 쓰는 필자는 자신이 타인에게 말하고자 하는 바를 전달하기 위해 글 또는 책이라는 매체를 선택한다. 따라서 독자는 책을 읽으며 그 책을 쓴 필자와 대화를 할 수 있는 것이다. 이렇게 독자가 어떤 글이나 책을 읽는다는 것은 곧 그것을 쓴 필자와 소통하는 행위로 볼 수 있다. 따라서 독서가 가진 의사소통적 특성을 잘 알아야 능동적인 독자가 될 수 있고, 더 나아가 평생 독서를 즐기는 평생 독자가 될 수 있다.*

독자와 필자는 글을 통해 서로 의사소통을 한다. 이를 그림으로 제시하면 다음과 같다.

독자 ↔ 글 ↔ 필자

미시(微視)는 어떤 사물을 작게 보는 것을 말하고, 거시(巨視)는 보통 미시와 반대로 어떤 대상을 전체적으로 크게 보는 것을 말한다.

일반적으로 독서를 통한 의사소통은 **미시**적으로 독자와 필자, 즉 사람과 사람이 만나는 일을 뜻한다. (㉠) 보다 **거시**적인 의미로는 집단과 집단, 계층과 계층, 지역과 지역 나아가 시대와 시대가 만나는 사회·문화적 사건이다. (㉡) 우리는 이렇게 독서를 통해 개인적이면서도 사회적인 의미의 소통 행위를 하게 된다. (㉢) 이러한 소통을 바탕으로 하여 우리의 지식과 문화가 전수(傳受)되거나 전파되는데, 이 과정에서 작게는 개인이, 크게는 사회가 성장한다. (㉣)

그렇다면 우리의 지식과 문화가 독서를 통해 더욱 발전한다는 것은 무엇이 전제되어야 가능한 것일까? 만약 문자가 없다면 우리가 지금 읽고 있는 글이나 책이 존재할 수 있을까? 결코 그렇지 못할 것이다. 우리가 독서를 통해 개인적이고 사회적인 의사소통을 할 수 있는 것은 문자 언어의 발명을 통해 가능하게 된 것이다.

인류가 무지의 상태에서 벗어나 오늘날과 같은 높은 문명을 이룰 수 있게 된 과정에는 크게 ㉤두 가지의 사건이 있었다.

첫째는 말을 사용하게 된 것이다. 인류는 말을 사용하여 서로 의사소통을 할 수 있게 됨으로써 동물의 상태에서 벗어나 인간의 세계를 형성할 수 있게 되었다.

다음은 문자의 발명이다. 인류는 문자를 사용하게 됨으로써 이전에는 상상도 할 수 없었던 수많은 지식을 저장하여 활용할 수 있게 되었고, 이를 통해 현재와 같은 고도의 문명과 문화를 이룰 수 있게 되었다.

물론 문자가 없어도 말과 같은 음성 언어를 통해 의사소통을 할 수 있지만, 음성 언어는 한번 내뱉으면 곧 사라져 버리기 때문에 즉시적이고 일회적인 성격을 지닌다. 이뿐만 아니라, 음성 언어는 대화의 상황을 공유하지 않은 많은 사람과 함께 의사소통을 하는 것이 불가능하다. 이에 비해 문자 언어는 기록을 통하여 인류의 지식을 저장하고 동시대의 다른 사람이나 또는 후대의 사람들에게 전파할 수 있도록 한다. 따라서 인류는 문자로 기록된 글을 활용함으로써 음성 언어를 바탕으로 한 의사소통이 지녔던 시간과 공간적인 제약으로부터 벗어나 보다 깊이 있고 추상적이며 수준 높은 사고를 할 수 있었다.

결국, 독자가 어떤 글을 읽는다는 것은 그것을 쓴 필자와 간접 대화를 하는 소통 행위이며, 이러한 소통은 사람과 사람의 만남을 넘어서 사회·문화적 사건이다. 독서라는 개인적이고도 사회적인 소통 행위는 문자 언어를 통해 지식과 문화를 전수하고 창출하며, 개인적 성장은 물론 사회 구성원을 서로 통합하고 문명과 문화를 유지하고 발전시키는 역할을 한다. 따라서 우리는 이러한 독서의 특성을 잘 이해하고 독서를 하여야 할 것이다.

1) 다음 내용이 들어가기에 적절한 부분은 ㉠~㉣ 중 어디인가? (   )

춘향전은 한국의 대표적인 고전 소설이며 조선 시대에 지어진 한글 소설이다. 양반인 이몽룡과 기생의 딸 춘향의 신분을 초월한 사랑 이야기로, 조선 후기의 평민 의식을 담고 있는 작품이다.

예를 들어, 우리는 '단군 신화 설화'를 읽으며 옛 조상들이 세계를 바라보고 해석하는 세계관과 만나며 그러한 세계관을 가진 시대 및 조상들과 간접적으로 대화할 수 있다. 그리고 '춘향전'*을 읽으면서 당시 유교적 이념에 직면하며 현대의 상황과 견주어 보기도 한다. 또한, 다른 나라의 문학 작품을 읽으며 그 지역의 문화와 만나고 우리 문화와 비교하며 감상의 폭을 넓히기도 한다.

2) 밑줄 친 ㉤두 가지의 사건은 무엇인가?

_____

_____

_____

3) 음성 언어와 문자 언어의 특성은 무엇인지 자신의 언어로 정리해 보자.

음성 언어	
문자 언어	

4) 윗글의 적절한 제목을 붙여 보자.

_____

독서는 "사회 구성원을 서로 통합하고 문명과 문화를 유지하고 발전시키는 역할을 한다."라는 문장을 다시 읽고 독서가 사회 구성원을 통합한다는 의미의 예는 무엇이 있는지 이야기해 보자.

독서가 사회 구성원을 통합한다는 것은 무슨 의미일까?

예 1) 우리나라와 다른 나라가 서로 스포츠 경기를 하면 우리나라를 응원하는 것이 사회 구성
원을 통합하는 예이듯 우리가 우리나라 역사에 대해 읽으면

예 2)

(가) 작문은 매우 높은 수준의 의미 창조 과정이다. 필자가 창의적으로 생각해 낸 의미(내용, 지식, 정보, 느낌, 생각 등)가 작문을 통해 글이라는 문자 언어로 표출되기 때문이다. 작문 못지않게 독서도 의미 창조의 과정이다. 음성이든 문자든 언어는 그 언어를 이해할 줄 아는 사람에게만 의미 있는 대상이 된다. 그 언어를 모르는 사람에게는 그 언어가 아무 의미도 주지 않기 때문이다. (…중략…) 글을 읽고, 읽은 글을 읽은 그대로 회상하고 표현한다면 이는 분명 의미 창조는 아니다. 그러나 글을 읽으면서 그 내용을 이해하고, 적용하고, 분석하고, 비교하고, 통합하고, 종합하고, 평가하는 것 등은 모두 읽은 언어를 자료로 하여 더 깊고 더 넓게 새로운 의미를 만들어 내는 지적 작용이다. 일상의 읽기 또는 독서에서 이런 높은 수준의 지적 작용이 활발하게 일어난다. 아래의 문장을 읽어 보자.

• 철수는 먼 산을 바라보며 깊은 생각에 잠겨 있다.

> 문면(文面)은 글이나 말 따위에서, 표면적으로 드러나는, 대강의 뜻을 말하는 것으로 '문면적'은 문면에 그대로 드러나는, 또는 그런 것을 의미한다.

이 글을 읽고 독자는 먼저 그 문장의 **문면적**(文面的, literal) 뜻을 받아들일 것이다. 이것도 의미의 창조이다. 읽기 전에는 몰랐던 것을 읽고 나서 알게 되었으니 의미 창조인 것은 분명하다. 그런데 이에 더하여 독자는 더 많은 생각을 할 것이다. '철수가 무슨 큰 고민에 빠져 있는 것 아닌가?', '철수가 헤어진 애인 생각을 하고 있는 것 아닌가?' 등의 생각이다. 이런 생각이 모두 의미 창조이다. 글을 읽고 무슨 생각을 하였다면, 그 생각이 무슨 생각이든 그것은 모두 의미 창조인 것이다. 그래서 독서가 의미 창조의 원동력이 된다고 말하는 것이다.

(나) 독자는 글을 읽으며 글로부터 수많은 지식과 정보를 만들어 낸다. 그래서 의미를 창조해 내는 것이다. 우리의 지식이나 정보는 거의 대부분 독

서를 통해서 획득되었고 창조되었다고 볼 수 있다. 독서는 글을 통한 문면적 이해에 그치지 않는다. (㉠) 독자의 사고 활동이 독서에서 얻는 지식 획득 그 자체에 머물지 않고, 그 지식이나 정보를 더욱 넓고 깊게 확장해 나가는 매우 능동적인 사고이다. 철수에 관한 앞의 문장에서 보았듯이, 독자는 이 글을 읽으면서 '철수가 먼 산을 바라보며 생각에 잠겨 있다.'는 문면적 이해에 더하여 그가 왜 산을 바라보는지, 산을 보면서 무슨 생각을 하는지, 왜 그런 생각을 하고 있는지 등 많은 추가적인 생각을 더 하게 된다. (㉡) 바로 이런 추가적인 생각, 능동적인 사고가 독자의 생각의 깊이와 넓이를 넓혀 주는 영역 확장의 사고이다. 그리고 이런 '영역 확장적 사고'가 바로 지혜(知慧, wisdom)인 것이다. (㉢) 글을 읽으며 이해하고 적용하고 분석하고 비교하고 판단하고 종합하고 평가하는 이 모든 사고 활동이 바로 받아들인 지식에 자신의 사고를 추가하는 고등 수준의 사고요, 지혜(知慧)인 것이다. 가지고 있는 것을 더 현명하게 활용하는 것이 바로 지혜이며, 그런 점에서 독서는 그 자체가 지식의 획득임과 동시에 지혜의 확장이다. (㉣)

(다) 독서는 '일하기'이다. 학생이 학교에서 교과서를 읽는 것은 학생의 본분인 '공부하기'이다. 직장의 사무원이나 공무원이 직장에서 하는 독서는 그 모두가 자신이 해야 할 일, 즉 직무를 하는 것이다. (…중략…) 직장에서의 직무 수행적 독서는 담당 직위가 높을수록 더 깊고 넓은 창의적 사고를 요구한다. 어느 직장에서든지 그 조직에서 가장 아래에 위치한 사람의 일은 머리를 사용하기보다는 근육을 더 필요로 하는 일이기 쉽다. 또 이런 일은 과거에 했던 일과 별반 차이가 없는 매우 반복적인 일이기 쉽다. 거기에는 깊은 생각도, 높은 창의성도 그리 크게 요구되지 않는다. 그러나 직장의 조직에서 높은 지위에 있는 사람이 하는 일은 사뭇 다르다. 이런 사람이 하는 일은 근육적 일이 아니라 머리를 써야 하는 일이다. 즉, 노동이 아니라 사고(思考)인 것이다. 이런 사람이 하는 일일수록 창의성도 더 많이 요구된다. 한번 잘못 판단하게 되면 그 결과가 조직 전체에 치명적일 수 있다. 그래서 더 많이 더 깊게 그리고 더 치밀하게 분석하고 판단해야 한다. 직장에서의 독서가 바로 그런 고급 사고의 수단이요 원동력이 되는 것이다.

1) 다음 내용이 들어가기에 적절한 부분은 ㉠~㉣ 중 어디인가? (   )

> 지식을 지식으로 받아들이면 그것은 지식의 획득이 된다. 그러나 독서를 하면서 받아들인 지식에 독자 자신의 생각과 느낌을 더하여 더 깊고 더 넓고 더 높게 생각하여 그 지식의 관련 영역을 확장해 나가면 그것이 지혜가 된다.

2) 윗글에 대한 설명으로 적절한 것은 무엇인가? (   )
   ① 독서의 기능에 대해 설명하고 있다.
   ② 독서의 과정과 원리에 대해 설명하고 있다.
   ③ 독서의 개념과 방법에 대해 설명하고 있다.
   ④ 독서를 하는 바람직한 태도에 대해 설명하고 있다.

3) 윗글의 내용과 같으면 ○, 다르면 × 하시오.
   ① 독자는 읽는 과정에서 글에 쓰인 내용을 있는 그대로 받아들이는 존재이다. (   )
   ② 문면적 사고, 능동적 사고, 영역 확장적 사고는 같은 의미라 할 수 있다. (   )
   ③ 직장에서 머리를 써야 하는 사람은 사고를 잘해야 하므로 창의성이 요구된다. (   )

4) 윗글의 중심 문장을 찾아 정리해 보자.

단락	중심 문장
(가)	
(나)	
(다)	

'내가' 책을 읽으면서 느낀 독서의 가치는 무엇인지 윗글을 바탕으로 생각해 보자.

책을 읽으면서 느낀 독서의 가치	예

◆ 이 과에서는 독서의 가치와 의미에 대해 공부했다. 많은 사람들이 책을 읽는 것이 중요하고 좋다고 생각하지만 책을 잘 읽지 않는다. 아래의 글을 읽고 독서를 안 하는 이유를 다시 생각해 보고, 책을 읽기 위한 나만의 방법을 생각해 보자.

> 한국출판연구소의 전국 조사에 의하면 "왜 책을 읽지 않는가"라는 질문에 "시간이 없어서"라는 답이 1위를 차지했다고 한다. 공부 때문에, 일 때문에, 책을 읽을 시간이 없다는 것이다. 물론 충분히 이해가 된다. 많은 한국인들이 공부와 회사 일에 얽매어 있기 때문이다.
>
> 그런데 모두들 정말 그렇게 바쁠까? 그런데 우리가 가장 바쁠 것으로 생각하는 세계에서 유명한 기업 경영자들과 정치 지도자들은 늘 책을 가까이하며 책을 읽는다. 이들의 삶보다 바쁜 사람들이 많을까? '오늘의 리더(Reader)가 내일의 리더(Leader)가 된다.'는 말처럼 실제로 각국의 지도자들, 세계 최고 기업의 경영자들은 한결같이 읽고 또 읽는다. 중국의 마오쩌둥(毛澤東), 장쩌민(江澤民) 같은 정치 지도자들은 공식 석상에서 고전을 인용하거나 시를 읊는 것으로 유명하다.

독서를 안 하는 이유
✓
✓
✓
✓

책을 읽기 위한 나만의 방법
✓ 매일 자투리 시간 이용해서 읽기
✓
✓
✓
✓

자투리는 어떤 기준에 미치지 못할 정도로 작거나 적은 조각을 의미한다.
예) 옷을 만들고 남은 자투리 천을 모아 방석을 만들었다.

• 핵심어, 중심 문장, 뒷받침 문장 •

1. 화제와 핵심어의 개념

화제는 글에서 다루고자 하는 '무엇'에 해당하는 것으로, 소재 또는 제재라고도 한다. 한 편의 글에는 대개 여러 개의 화제가 등장하는데 이 중 주제와 밀접하게 관련이 있는 중요 화제를 중심 화제라 한다. 중심 화제는 보통 글의 핵심이 되는 말 즉, 핵심어를 포함한다. 핵심어는 글 전체의 내용을 대표할 수 있는 가장 중요한 말을 의미한다.

2. 중심 화제와 핵심어를 찾는 방법

중심 화제를 찾으면 글의 내용을 파악하는 데에 도움이 된다. 중심 화제나 핵심어를 찾는 방법은 다음과 같다.

첫째, 글에서 반복적으로 나타나는 단어를 찾는다.

둘째, 글에서 어떤 개념을 명확하게 설명하는 중요 단어나 어구에 주목한다.

셋째, 글을 읽으면서 필자가 '무엇'에 대해 말하고 있는지 파악한다.

3. 중심 문장과 뒷받침 문장의 개념

글은 문장과 문장, 단락과 단락으로 구성되어 있다. 이때 중심 문장은 단락의 중심 생각이 드러나 있는 문장이다. 대개 하나의 단락에는 한 개의 중심 문장이 있다. 중심 문장의 내용을 구체적이고 상세하게 뒷받침하는 내용이 담긴 문장을 뒷받침 문장이라 한다. 한 개의 단락에는 여러 개의 뒷받침 문장이 있다.

4. 중심 문장과 뒷받침 문장을 활용한 읽기 전략

하나의 단락은 중심 문장과 뒷받침 문장으로 구성된다. 중심 문장은 다른 문장에 비해 일반적이고 추상적인 서술로 이루어져 있으며 뒷받침 문장은 특수하거나 구체적인 내용을 다루는 경우가 많다. 뒷받침 문장은 중심 문장의 내용을 명확하게 하기 위해 중심 문장을 구체적으로 설명하거나 내용을 보충하는 역할을 한다. 각 단락의 중심 문장을 찾은 후에 뒷받침 문장과 맺고 있는 관계를 파악하면 글 전체의 내용을 이해하는 데 도움이 된다.

※ 다음의 글을 읽고 생각해 봅시다.

세상에 백락(伯樂)*이 있고 난 후에야 천리마(千里馬)가 있게 된다. 천리마는 항상 있지만 백락 같은 사람은 항상 있지 않다. 그렇기 때문에 비록 좋은 말이 있을지라도 다만 노예의 손에 욕이나 당하며 마구간에서 다른 말들과 함께 살다 죽게 되어 결국 천리마로 불리지 못한다.

천리마는 한 끼에 간혹 곡식 한 섬을 먹지만 말을 먹이는 자는 그 말이 천리를 달릴 수 있는 능력이 있어서 그렇게 먹는다는 것을 알지 못한다. 그리고 이 말이 비록 천리를 달릴 능력이 있다 하더라도 먹는 것이 배부르지 않으면 힘이 부족하여 뛰어난 재능을 밖으로 드러내지 못한다.

> 백락(伯樂)은 중국 전국(戰國) 시대 사람으로 말의 좋고 나쁨을 잘 감별하는 명인을 말한다. 이 글에서 백락은 사람을 잘 알아보는 명군(明君)을 의미한다.

또한 다른 말들과 함께 두면 그 능력이 드러나지 않는데, 어떻게 그 말이 천리를 달릴 수 있기를 바라겠는가? 채찍질을 해도 그 방법에 맞지 않게 하고, 먹여도 그 재능을 다 발휘하게 하지 못하고, 울어도 그 뜻을 알아주지 못하면서, 채찍을 들고 다가가서 말하기를 "세상에 좋은 말은 없다"라고 한다. ⊙정말로 좋은 말이 없는 것일까? 아니면 좋은 말을 알아보지 못하는 것인가?

1. 윗글에서 핵심어 두 개를 찾아 써 보자.

• 핵심어: _____

2. 윗글에서 ⊙처럼 말한 의미는 무엇인지 써 보자.

_____

_____

_____

생각 나누기 ....

윗글을 읽고 오늘날 '천리마'와 '백락'은 무엇을 의미하는지 이야기하고 정리해 보자.

_____

_____

_____

_____

_____

행복한 삶

행복은 한쪽 문이 닫히면 다른 한쪽 문이 열린다. 하지만 우리는 종종 닫힌 문을 너무 오래 바라보기 때문에 우리에게 열려 있는 행복의 문은 보지 못한다.

– 헬렌 켈러(Helen Keller)

우리가 얼마나 가졌는가가 아닌 우리가 얼마나 즐기느냐에 따라 행복이 결정된다.

– 찰스 스펄전(Charles Spurgeon)

지금 이 순간 행복해라, 지금 이 순간이 당신의 삶이기 때문이다.

– 오마르 카이얌(Omar Khayyam)

어떤 사람은 자기는 늘 불행하다고 불평한다. 이것은 자신이 행복함을 깨닫지 못하기 때문이다. 행복이란 누가 주는 것이 아니라 스스로 찾는 것이다.

– 도스토옙스키(Dostoevskii)

1) 위의 내용을 다시 읽어 보고, 가장 공감이 가는 명언은 무엇인지 찾아보자. 그 이유는 무엇인지 이야기해 보자.

2) 내가 생각하는 '행복'에 대해 정의해 보자.

• 행복이란:

(가) '별것도 아닌 일에 왜 저렇게 발끈하는 걸까.'

누가 봐도 화날 상황이라면 모를까, 아무것도 아닌 일에 벌컥 성을 내는 사람들이 있다. 제3자의 입장에서도 ⊙난감하지만 내게 직접 그런 반응을 보인다면 참으로 ⊙당혹스럽다. 전혀 ⓒ예상치 못한 데다 이유도 납득이 안 되니 그야말로 환장할 노릇이다.

⊜훈훈한 분위기에서 이야기 잘하다가 갑자기 화를 내니 내가 무엇을 잘 못했는지 당황스럽고, 어떤 말에 화가 났는지 어렴풋이 짐작은 가지만 결코 그런 뜻이 아니었다. 설령 화날 만하다 해도 그렇지 언성을 높이며 눈까지 부릅뜨니 내가 알던 사람이 맞나 싶다.

(나) 이 사람, 대체 왜 이러는 걸까?

그 사람은 분노를 다룰 줄 모르기 때문이다. 자기 안의 진짜 분노를 보지 못하고, 그래서 화가 나는 이유를 모르기에 분노 조절에 늘 실패한다. 그리고 분노 조절에 실패한다는 것은 자신의 감정을 다룰 줄 모른다는 말과 같기에 인생에서 실패할 확률이 높다. 걸핏하면 화를 내는 사람은 인간관계가 원만치 못하고, 그로 인해 일이 잘 풀리지 않는다. 반대로 지나치게 화를 억누르는 사람은 스스로를 파멸로 이끈다. 분노로 인해 **테러리스트**가 되는 사람이 있는가 하면 분노를 삭이다 못해 우울증에 빠지거나 자살하는 사람도 있다. 분노를 조절할 줄 모르는 사람은 행복한 삶을 살지 못한다.

> 테러리스트는 정치적인 목적을 위하여 계획적으로 폭력을 쓰는 사람을 의미하나 여기서는 정치적인 목적 외에 다른 이유로 폭력을 쓰는 사람을 의미한다.

(다) 그렇다면 분노란 무엇일까? 분노란 한마디로 쉽게 설명할 수 있는 감정이 아니다. 단순히 다른 사람들이 나를 기분 나쁘게 해서 화가 나는 상태라고 표현할 수 있을 만큼 간단치가 않다. 다만 분명히 말할 수 있는 한 가

지는, 분노는 상대방이 아니라 나의 문제라는 것이다. 그러나 우리는 늘 상대방에게 문제가 있다고 생각한다. 배우자가 문제이고 자녀가 문제이고 직장 상사가 문제이다. 그들만 변하면 모든 문제가 사라지고 행복해질 수 있을 것 같다.

(라) 원인 제공자는 항상 상대방이다. 상대방의 태도와 말 때문에 화가 난다. 그래서 언어로든 행동으로든 폭력을 휘두르기도 하고 반대로 심한 우울증에 걸리기도 한다. 그러나 우리가 화가 나는 것은 나의 심리적인 문제에서 비롯되는 경우가 많다. 이를테면 심리적으로 의존하고 싶은 사람에게 거부당할 때 입은 마음의 상처는 그렇지 않은 사람에게 거부당할 때 입은 상처와는 비교할 수 없을 만큼 크고 깊다. 상처가 크기 때문에 분노의 감정이 생기는 것이다. 결국 근본적인 원인은 그 사람에게 의존하고자 하는 나의 잘못된 심리다. 즉 분노의 첫 번째 원인은 나 자신이다.

1) 윗글에서 밑줄 친 '㉠~㉣'의 의미 중 맥락상 의미가 다른 하나는 무엇인가?

① ㉠난감하다

② ㉡당혹스럽다

③ ㉢예상치 못하다

④ ㉣훈훈하다

2) (나) 부분을 두 부분으로 나눌 때, 두 번째 부분이 시작하는 첫 어절을 쓰시오.

_____

3) 윗글의 내용과 같으면 ○, 다르면 × 하시오.

① 분노는 항상 상대방의 문제라고 할 수 있다. (   )

② 분노를 조절할 줄 모르는 사람도 행복할 수 있다. (   )

③ 내가 화가 나는 것은 나의 심리적인 문제에서 발생할 때가 많다. (   )

4) 윗글은 무엇에 대한 이야기인지 다음 단어가 들어가도록 한두 문장으로 요약하시오.

분노   행복   나의 문제

_____

_____

_____

_____

생각 나누기

위의 내용은 내가 분노하는 이유는 '상대방의 문제'보다 '나의 문제'라고 하고 있다. 이러한 내용에 동의할 수 있는지 구체적인 근거를 들어 친구들과 이야기해 보고 발표해 보자.

_____

_____

_____

_____

_____

_____

(가) 심리학에서 'Mr. Happiness' 혹은 'King of Happiness'라고 불리는 행복 전문가인 에드 디너(Ed Diener) 교수는 긍정심리학의 또 다른 대가인 마틴 셀리그먼(Martin Seligman) 교수와 함께 『매우 행복한 사람(Very happy people)』이라는 흥미로운 논문을 발표한 적이 있다.

㉠이 연구에서 디너와 셀리그먼은 222명의 사람들을 대상으로 그들의 행복을 측정한 후에, 그 점수에 근거해서 가장 행복하다고 스스로 보고한 상위 10%에 해당하는 사람들의 특성을 집중적으로 분석했다.

가장 행복하다고 답한 10%의 사람들과 나머지 사람들이 보인 가장 큰 차이점은 무엇이었을까? 돈, 건강, 운동, 종교였을까? 아니다. 가장 큰 기준은 바로 관계였다. 최고로 행복한 사람들은 그렇지 않은 사람들에 비해 혼자 있는 시간이 적었고, 사람들을 만나고 관계를 유지하는 데 많은 시간을 할애하고 있었다. 그들은 늘 다른 사람과 함께 있을 정도로 관계가 풍성했으며, 친구들 사이에서도 인간관계가 매우 좋은 것으로 평가되었다. 더 흥미로운 사실은 222명 중 가장 행복한 상위 10%인 22명 중에서 21명이 조사 당시 이성 친구가 있었다는 점이다.

(나) 요즘 우리 사회에는 '어디서 살 것인가?'의 프레임이 광풍처럼 몰아치고 있다. 어디서 살고, 어디서 쇼핑하고, 어디서 식사할 것인가라는 장소의 프레임이 한국인들의 삶을 지배하고 있다고 해도 과언이 아니다. 그러나 많은 심리학 연구들은 행복은 '어디서'의 문제가 아니라 '누구와'의 문제임을 분명하게 밝혀 주고 있다. 탁월한 성취를 이룬 사람들, 커다란 역경을 이겨낸 사람들, 자기 삶에 만족을 누리는 사람들, 이들에게는 거의 예외 없이 '누군가'가 있었다.

(다) 이 책의 주제인 프레임을 연구하여 노벨상을 수상한 심리학자 카네만(Daniel Kahneman) 교수도 예외는 아니었다. 그는 박사 이후 연구 과정 기간

에 평생의 친구이자 동료인 트버스키(Amos Tversky)를 만나게 된다. 그 만남은 카네만의 연구 주제를 바꿔 놓았고, 마침내 그에게 노벨상을 안겨 주었다. 더 나아가 심리학과 경제학의 새로운 학문적 지평을 열었다.

(라) 아직도 내 지도 교수의 눈물을 잊을 수 없다. 트버스키 교수가 암으로 세상을 떠나자 그를 추모하는 학술대회가 스탠퍼드 대학교에서 개최되었다. 각 학문 분야에서 그의 업적을 평가하는 발표가 이루어졌고, 심리학 내에서는 저자의 지도 교수이자 『생각의 지도(The Geography of Thought)』 ①<u>저자</u>이기도 한 리처드 니스벳(Richard Nisbett)* 교수가 발표를 하게 되었다. ②<u>그는</u> 본 발표를 며칠 앞두고 저자를 비롯한 다른 학생들과 교수들 앞에서 리허설을 했다. 연습 도중 그는 자신이 어떻게 카네만과 트버스키 교수를 만나게 되었으며, 그 만남이 ③<u>자신</u>과 심리학에 어떤 영향을 끼쳤는지를 회고하는 대목에서 왈칵 울음을 쏟고 말았다. 고인의 죽음에 대한 동료 학자로서의 깊은 슬픔과 아쉬움, ④<u>그의</u> 학문적 영향에 대한 진심 어린 감사와 존경이 어우러진 눈물이었다. 그 모습을 지켜보던 나는 언제나 냉철하기만 했던, 그리고 그 자신이 이미 세계적 대가였던 텍사스 출신의 이 전형적인 ㉡<u>백인</u> 지도 교수의 눈물을 통해 인생을 바꾸게 한 만남의 위력을 실감할 수 있었다.

『생각의 지도』는 니스벳 교수가 동양과 서양의 생각의 차이를 기술한 책이다. 예를 들어, '범죄가 발생하면 왜 동양인은 상황을 탓하고, 서양인은 범인을 탓할까?', '왜 동양에서는 침술이, 서양에서는 수술이 발전했을까?', 등의 재미있는 질문을 통하여 동서양의 차이를 설명하려고 했다.

(마) 몇 년이 지난 지금도 그때의 감동이 밀려와 종종 내게 그런 눈물을 흘리게 할 동료와 친구가 있는지, 그랬으면 좋겠다는 생각으로 살고 있다. 어떤 사람은 옆에서 보고 있기만 해도 영감이 느껴진다. 그런 사람과 있으면 완벽의 경지에 도달하고픈 충동과 치열한 삶의 욕구가 나도 모르게 생겨난다. 어떤 사람은 함께 있기만 해도 즐겁고 유쾌하다. 그런 사람과 있으면 왠지 안심이 된다. 주변에 이런 사람이 한 명쯤은 있어야 하지 않을까 싶다.

(바) 연구에 의하면 배우자가 사망한 후 일주일 이내에 남은 배우자가 죽을 확률은 그렇지 않은 경우보다 2배나 높다. 골수 이식 수술을 받은 후에 생존할 확률은 친밀한 관계를 통한 사회적 지지가 있는 경우가 그렇지 않은

경우보다 2배 이상 높다. 우리 삶에서 정말 중요한 건 '어디서'의 문제가 아니라 '누구와'의 문제인 것이다.

이제 이 프레임으로 우리 삶의 모든 영역을 들여다보도록 하자. '어디서'의 문제로 주눅 드는 시시한 삶은 미련 없이 버려라.

더 알아 가기

- 대니얼 카네만(Daniel Kahneman, 1934~): 이스라엘 국적의 심리학자이자 경제학자이다. 2002년 노벨 경제학상을 수상했다. 그의 학문적인 업적은 판단과 의사 결정분야의 심리학, 행동 경제학과 행복 심리학이다.
- 아모스 트버스키(Amos Tversky, 1937~1996): 인지·수학적 심리학자이다. 대니얼 카네만의 초기 연구는 예측과 확률 판단의 심리에 초점을 맞추었다. 트버스키가 죽은 지 6년 후, 카네만은 아모스 트버스키와 협력한 공로로 2002년 노벨 경제학상을 받았다.
- 리처드 니스벳(Richard Nisbett, 1941~): 예일대학교 심리학과 교수를 역임했고 현재 미시간대학교 심리학과의 석좌 교수로 재직 중이다. 사회 심리학적 주제인 인간의 사고방식에 관한 연구로 명성을 쌓은 학자다. 미국의 양대 심리학회인 미국심리학협회와 미국심리학회의 학술상을 수상한 바 있다.

1) 다음 내용이 들어가기에 적절한 단락은 어디인가? (   )

　심장 마비가 온 후에 6개월 이내에 다시 심장 마비가 올 확률은 혼자 사는 사람일 때 2배 정도 높다고 한다.

2) ㉠의 이 연구의 내용과 같은 것은 무엇인지 모두 고르시오. (   )
　① 이 연구에서 스스로 행복하다고 보고한 사람들은 인간관계가 좋았다.
　② 최고로 행복한 사람들 22명 중 21명은 연구 당시 이성 친구가 있었다.
　③ 가장 행복하다고 답한 10%의 사람들이 보인 가장 큰 특성은 돈, 건강이었다.
　④ 이 연구 결과는 누군가와 함께 있는 사람이 그렇지 않은 사람에 비해 행복하다는 것이다.

3) (라)의 '①~④' 중 가리키는 대상이 다른 하나는 무엇인가? (   )

4) ⓛ 백인 지도 교수는 누구인가? 저자와의 관계, 저서, 백인 교수의 이름을 찾
   아 쓰시오.

   _____

   _____

5) 윗글의 핵심어를 찾아 쓰고, 핵심어가 들어간 중심 문장을 찾아 쓰시오.

   (단, 중심 문장은 두 번 나온다.)

• 핵심어:

• 중심 문장:

   _____

   _____

생각 나누기

혼자 있는 것보다 누군가와 같이 있는 것이 행복한가? ㉠의 연구 결과에 동의할 수
있는가? 그렇지 않은가? 친구와 이야기하여 발표해 보자.

동의/반대	근거

◆ 이 과에서는 '행복한 삶'에 대한 글을 읽었다. 다음은 국가별 행복지수를 조사한 결과이다. 여러분은 행복한가?, 전혀 행복하지 않다를 1, 아주 행복하다를 10으로 했을 때 나와 친구들의 행복 지수를 모둠별로 조사해 보고, 그 이유를 이야기해 보자.

국가별 행복지수

순위	국가명	순위	국가명
1위	핀란드	7위	스웨덴
2위	덴마크	8위	뉴질랜드
3위	스위스	9위	오스트리아
4위	아이슬란드	10위	룩셈부르크
5위	노르웨이	⋮	⋮
6위	네덜란드	62위	대한민국

* 2020년 기준 유엔 행복 보고서

	행복 지수	행복 지수가 그 숫자인 이유
나	8	행복지수가 10이 되려면 과제가 줄고, 한 달 용돈이 10만원 올라가면 된다.
친구 1		
친구 2		
친구 3		
친구 4		

• 주요 단락과 보조 단락 •

1. 주요 단락과 보조 단락의 개념

한 편의 글은 몇 개의 단락으로 구성되어 있다. 단락은 적어도 한 문장 이상으로 이루어지며 형식상으로도 뚜렷이 구별되는 글 속의 글이다. 단락은 하나의 분명한 중심 문장이 있으며 중심 문장은 글의 전체 주제의 일부를 펼치는 기능을 담당한다. 단락은 주요 단락과 보조 단락으로 나눌 수 있다. 필자가 말하고자 하는 주제와 직접적인 관련이 있는 단락을 주요 단락이라고 한다. 주요 단락의 내용을 명확히 하거나 보충하는 단락을 보조 단락이라고 한다.

2. 단락의 기능

단락은 기능에 따라 나누기도 하는데 글의 중심 내용이 들어 있는 주요 단락, 글의 첫 머리에 글을 쓰는 이유, 동기, 문제 제기 등을 통해 독자의 흥미를 유발하는 도입 단락, 앞부분의 내용을 자세하게 설명하는 상술 단락, 앞부분의 내용에서 부족한 부분을 관련된 다른 내용을 통해 보완하는 보충 단락, 결론을 이끌어 내기 위한 기본 바탕이나 근거가 되는 전제 단락, 글을 요약 정리하는 요약 단락 등이 있다.

3. 단락과 읽기 전략

　한 편의 글은 여러 개의 단락이 연결되어 이루어지나 각 단락의 역할은 같지 않다. 어떤 단락은 중심 내용을 담고 있고, 어떤 단락은 중심 내용을 부연 설명하는 역할을 하기도 한다. 글 전체의 내용과 구조를 이해하기 위해서는 각 단락의 내용과 역할을 알고, 단락과 단락 간의 관계를 파악해야 한다. 단락의 기능을 구체적으로 찾아내면 다음과 같은 이점이 있다. 첫째, 글의 주제를 정확히 파악할 수 있다. 둘째, 단락 전체의 내용에 대한 이해가 빠르고 명확하게 된다. 셋째, 필자가 쓴 글의 생각을 논리적으로 파악하여 글의 전체 흐름을 알 수 있다.

※ 다음의 글을 읽고 생각해 봅시다.

　(가) '한국 사회'라는 과목을 가르치고 있는 필자는, 전통·현대 사회의 지배 계급이 무엇인지 학생들에게 설명해야 한다. 이를 설명하는 과정에서 한 가지 사실을 발견할 수 있었다. 전통 사회의 지배층 개념을 설명하는 것보다, 현대 사회의 지배층 범위를 대략 설명하는 것이 훨씬 쉽다는 사실이었다. 왜 그럴까? 과거의 '양반'*이라는 것이 무엇이었는지 간단하게 규정하는 문서는 없다. 양반의 조건이 그만큼 다양하기도 했다. (…중략…) 단순히 양반으로 태어나는 것이 아니고 양반으로 철저하게 살아야 했던 것이다.

　(나) 현재 한국의 '양반층'의 조건을 명료하게 밝히는 문서는, 다름 아닌 결혼정보회사들의 회원 심사 기준표다. 신분부터 잘 맞추어 주어야 '결혼 상품'을 팔 수 있는 '중매쟁이'야말로 한국 사회의 계

> 양반(兩班)은 조선 시대 최상급의 사회 계급으로 사(士)·농(農)·공(工)·상(商) 중 사족(士族)에 해당한다. 원래, 문관과 무관을 지칭하는 관료적 의미였으나, 반상제가 확립되어 가면서 신분상의 의미로 변화하였다. 양반은 토지와 노비를 많이 소유하고 과거 제도 등을 통해 국가의 고위 관직을 독점하였다. 양반은 경제적으로는 지주층이며 정치적으로는 관료층에 해당한다.

급 구성의 원칙을 아주 잘 터득한 사람들인 것 같다. 남녀를 막론하고 점수의 20~25%를 소위 '가정 배경'의 항목이 차지한다. 과거 양반의 조건은 '충신'이나 '고관현작'*을 조상으로 두는 것이었음에 반해서, 최근 '양반'의 조상들을 평가할 때 장·차관이나 대기업 임원, 교수에게 같은 점수를 준다.

고관현작(高官顯爵)은 고위 관료를 말하는 것으로 지위가 높은 벼슬이나 지위를 가진 관리를 의미한다.

(…중략…) 남성의 경우 '학벌'과 '재산'이 엇비슷한 대접(15~25%)을 받는 것과, '수도권 2류 대학'이 아닌 '일류 대학'(서울대·고려대·연세대)을 나온 것이 부모 재산의 20억~30억 원 차이와 맞물리는 것으로 평가되는 것은, '학벌'이라는 패거리에 속하는 것이 얼마나 중요한지를 보여 준다. (…중략…) '신랑감 평가서'의 핵심적인 항목은 '직업'(25~30%)이다. 여기에서 의사나 검·판사가 벤처 사장과 같은 정도의 최고 대우를 받는다. 의학이나 법조에 종사하는 것이, 인술을 베풀고 사회 정의를 실천하는 것이 아니라 신분과 돈을 세습·획득한다는 것을 의미하는 것이다. 예의·도덕 등 과거의 '낭만'은 여기에 끼어들 수조차 없다. 돈이 신분으로, 신분이 돈으로 쉽게 환원되는, 설명하기 편리한 지배 계급의 개념인 것이다.

더 알아 가기

박노자(1973~): 이 글을 쓴 박노자는 러시아 출신으로 귀화한 한국인이다. 2020년 현재, 노르웨이 오슬로 국립대학의 한국학과에 교수로 재직 중이다.

1. 윗글에서 핵심 어구를 찾아 써 보자.

• 핵심 어구: _____

2. 윗글에서 주요 단락은 (가), (나) 중 어느 것인가? (　　　)

3. 위의 내용과 맞는 것에 ○, 틀린 것에 × 하시오.

　① 전통 한국 사회의 지배층과 현대 한국 사회의 지배층은 같다. (　　　)

　② 결혼정보회사의 회원 심사 기준표는 가정 배경이 가장 중요하다. (　　　)

　③ 결혼정보회사들의 회원 심사 기준표를 통해 현대 한국 사회의 지배층을
　　알 수 있다. (　　　)

4. 윗글의 주제를 한 문장으로 써 보자.

_____

_____

_____

생각 나누기

여러분이 생각하는 현대 사회의 지배층에 대해 이야기해 보자.

✓ 좋은 학벌 _____

✓ _____

✓ _____

✓ _____

II

인문·예술 영역

언어와 문화

(가) 동양 만화

(나) 서양 만화

만화를 통해서도 동서양의 문화를 알 수 있다. 동양 만화인 일본 만화는 대사보다는 등장인물의 표정, 대인관계 등에 초점을 맞춰 이미지나 분위기 맥락에 의존한다. 또한 다채로운 성격의 캐릭터들이 등장하고 사건 사이의 무수한 복선을 통해 스토리가 진행된다. 반면 서양 만화인 미국 만화는 정교한 그림체와 선악의 확실한 구분, 수많은 말풍선을 사용한 스토리 전개 등을 특징으로 한다.

---

1) (가) 만화와 (나) 만화의 특징을 생각해 보자.

2) 이렇게 동양 만화와 서양 만화가 다른 이유는 고맥락 문화와 저맥락 문화의
   차이 때문이다. 어떠한 차이가 있는지 생각해 보자.

고맥락 문화	저맥락 문화
고맥락 문화란 민족적으로 동질을 이루며 역사, 습관, 언어 등에서 볼 때 공유하고 있는 맥락의 비율이 높기 때문에 집단주의와 획일성이 발달하는 문화를 말한다. 일본, 한국, 중국과 같은 한자 문화권에 속한 동아시아 국가는 고맥락 문화다.	저맥락 문화는 다인종·다민족으로 구성된 국가를 말한다. 미국, 캐나다 등이 대표적인 나라이다. 사람들 사이에 서로 공유하고 있는 맥락의 비율이 낮아 개인주의와 다양성이 발달하는 문화가 특징이다.

(가) 동양인은 세상을 전체가 하나로 연결된 거대한 장(場)과 같은 공간이라고 생각하고, 서양인은 세상을 각각의 개체가 모여 집합을 이루고 있는 공간이라고 생각한다. 그래서 서양인은 각 개체의 이름인 명사를 통해 세상을 바라보는 반면에, 동양인은 각 개체 간의 관계와 그 사이의 상호작용을 설명하는 동사를 통해 세상을 바라본다.*

서양인은 사물을 분리하고 분석하여 공통된 규칙을 발견하는 반면에 동양인은 분리보다는 연결을, 독립보다는 전체에 중점을 둔다. 이러한 특징으로 인해 서양인은 각각의 개체를 가리키는 명사를 중심으로 세상을 바라보고, 동양인은 개체간의 상호작용을 가리키는 동사를 중심으로 세상을 바라보는 것이다.

(나) 동양인은 모든 것이 서로 연결되어 있는, 하나의 장으로서 세계를 바라본다. 그 세계 속에서 사물과 사물은 상호 간에 파장을 일으키는 형태로 연결되어 있다. 우리가 사용하는 사물이라는 단어는 이러한 연결 관계를 매우 잘 드러낸다. 모든 물체와 물체는 서로 연결되어 있다. 다시 말해 동양인이 보는 사물은 각각의 독립적인 존재가 아니라 서로 연결되어 있는 존재다.

(다) 사람이 차를 마시는 상황이 있다고 하자. 이때 차를 더 마실 것인지 묻는 언어 사용에서도 동서양의 차이가 나타난다.

동양: (차) 더 마실래?

서양: (Would you like to have) more tea?

[그림1] 동사를 중심으로 생각하는 동양 언어   [그림2] 명사를 중심으로 생각하는 서양 언어

(라) 서양인은 더 마실 것인지를 물을 때 'tea'라는 명사를 사용해서 'more tea?' 하고 묻는다. 반면에 동양인은 '마시다'라는 동사를 사용해서 '더 마실래?' 하고 묻는다. 같은 표현인데 동양 언어에서는 동사로 표현하고 서양 언어에서는 명사로 표현한다. 왜 이런 현상이 나타나는 것일까?

(마) '마시다'라는 동사는 사람과 차 사이에서 일어나는 상호작용을 표현한다. 동양에서는 이렇게 개체 간의 관계 속에서 일어나는 상호작용을 중심으로 생각하기 때문에 동사적 표현을 많이 사용한다. 즉 동사 중심으로 표현하는 것은 사물이나 사람 사이의 관계에 초점을 맞춘 것이라고 할 수 있다. 그러나 사람과 차를 서로 독립된 개체로 믿는 서양에서는 '차'라는 명사를 통해 질문의 의미를 표현한다. 실제로 일상생활에서 서양인들은 명사를 많이 사용하고 동양인들은 동사를 많이 사용하는 경향이 있다.

(바) 동양 엄마와 서양 엄마가 아이와 놀아 줄 때 나누는 대화를 비교해 보면 ㉠이러한 차이를 좀 더 분명하게 할 수 있다. 동양 엄마는 '엄마한테 밥 해 줄래?' 하는 식의 동작을 유도하는 말, 즉 동사를 사용하게 하는 대화를 많이 사용한다. 반면에 서양 엄마는 '이게 뭐니?' 하는 식의 명사를 사용하게 하는 대화를 많이 한다.

(사) 왜 서양에서는 명사가 발달하고 동양에서는 동사가 발달했을까? 사물들이 독립된 개체라고 믿는 서양에서는 당연히 각 개체의 속성을 대표하는 명사가 언어의 중심을 이룬다. 그러나 사물들이 서로 연결되어 있다고 믿는 동양에서는 다양한 사물들이 어떻게 서로 연결되어 있는지를 표현하는 동사를 많이 사용한다. 이렇듯 언어를 통해서도 각 문화권마다 다르게 발달되어 온 사고방식의 차이를 엿볼 수 있다.

1) 윗글에서 동양인과 서양인의 사고방식의 차이를 설명하기 위해 사용한 예는 무엇인가?

_____

_____

_____

2) ㉠의 '이러한 차이'는 어떤 차이를 의미하는가?

_____

_____

_____

3) 윗글의 내용과 같으면 ○, 다르면 × 하시오.

① 동양인은 사물을 개별적이고 독립적인 개체로 본다. (   )

② 서양인 엄마는 아이와 놀아 줄 때 동작을 유도하는 말을 많이 사용한다. (   )

③ 서양에서는 각 개체의 속성을 대표하는 명사가 언어의 중심이 된다. (   )

4) 다음 핵심어를 사용하여 윗글의 제목을 붙여 보자.

언어 문화 동사 명사 사고방식 동양인 서양인

_____

_____

_____

다음은 상대방의 입장을 기준으로 말하는 경우와 말하는 자신의 입장에서 말하는 경우에 대한 글이다. 다음 글을 읽고 여러분 나라의 언어는 어떠한지 비교하여 이야기해 보자.

> 동양의 언어에서는 상대방의 입장을 기준으로 말하는 경우가 많다. 동양 인들이 영어를 배울 때 가장 헷갈리기 쉬운 것 중 하나가 부정 의문문에 대한 대답이다. 예를 들어 '오렌지를 안 좋아하니?'라는 질문에 대답을 할 때 만약 오렌지를 좋아한다면 한국어로는 '아니요'가 된다. 상대방이 '안 좋아하니?' 하고 부정형으로 물었기 때문에 상대의 의견을 기준으로 '아니요'가 되는 것이다. 그러나 영어로 대답할 때는 '예' 하고 말해야 올바른 표현이 된다. 여기에서 '예'라는 표현은 '오렌지를 좋아한다.'는 표현을 긍정하기 위한 것이다. 서양인들은 상대의 질문이 긍정문이든 부정문이든 상관없이 대답하는 사람인 자신을 기준으로 대답한다.

가. 동양인	나. 서양인
A: 오렌지를 안 좋아하니?	A: Don't you like oranges?
B: 아니요, 오렌지를 좋아해요.	B: Yes, I like oranges.

(가) 맥락도가 높은 커뮤니케이션(의사소통체계) 또는 메시지에서는 대부분의 정보가 신체적인 맥락에 있거나 개인에 내재되어 있는 반면, 메시지가 코드화되어 외재적이고 전달된 부분에는 정보가 극히 적다. 맥락도가 낮은 커뮤니케이션은 그와는 정반대로 정보의 태반이 명백한(외재화된) 코드에 실려 있다.

(나) 맥락도는 의사소통의 성격에 관한 모든 것을 결정하고 그에 따른 모든 행위(상징적인 행위를 포함하여)의 기초가 된다. 최근 사회 언어학의 연구 결과들은 언어 코드가 실제 어느 정도 맥락에 의존하고 있는지를 밝혀 준다.

(다) 이와 관한 훌륭한 사례로서 언어학자 번스타인(Basil Bern stein)*의 연구가 있다. 그는 언어 코드를 두 가지로 분류하여 제한된(고맥락) 코드와 정교한(저맥락) 코드로 지칭하는데 어느 쪽에 속하느냐에 따라 어휘·구문·음성 모두가 달라진다고 보았다. 가정에서 친근한 사람끼리 사용하는 제한된 코드를 보면 단어와 문장이 붕괴되고 단축되며 언어의 음소적 구조마저도 파괴되어 어휘뿐만 아니라 개개의 음절도 점차 하나로 녹아든다.

> 바실 번스타인(Basil Bern-stein): 교육사회학으로 널리 알려진 영국의 사회학자이자 언어학자이다.

(라) 그에 반해 교실, 법정, 외교의 장에서는 아주 명확하고 구체적인 정교한 코드가 사용되어 모든 차원에서 보다 정확한 구별을 가한다. 더욱이 사용하는 코드는 신호가 되며 상황에 일관성을 부여한다. 코드의 변경은 그에 따른 나머지 모든 일의 변경을 알리는 것이다. 누구를 '말로 이긴다'는 것은 상대가 알아야 할 필요 이상으로 이야기하면서 상대를 저맥락화시키는 것이다. 이것은 단지 담화를 제한된 코드로 변경시킴으로써 매우 교묘하게 행할 수 있다.

(마) 인간의 모든 상호 작용은 맥락도에 따라 구분할 수 있다. 맥락도가 높은 의사소통의 특징은 수신자와 그 배경에 정보가 이미 프로그램되어 있고 전달된 메시지에는 최소한의 정보밖에 없다는 점이다. 맥락도가 낮은 상호 작용은 그와 정반대이다. 맥락(내재적 및 외재적)에서 누락된 부분을 보충하기 위해서는 전달된 메시지에 대부분의 정보를 집어넣을 수밖에 없다.

고맥락의 소통 체계 속에서 자란 사람들은 대화자가 자신의 고민을 이미 알고 있어서 자신의 마음속에 있는 내용을 구체적으로 말하지 않아도 될 것이라 기대한다. 따라서 발화자는 핵심을 빙빙 둘러 표현하며, 이 핵심 부분의 빈자리를 채워 넣는 것은 대화자(청자)의 몫이 된다.

(바) 일반적으로 고맥락의 의사소통은 저맥락의 그것과는 대조적으로 간결하고 신속하며 효율적이고 만족스럽지만 프로그램화에 시간이 걸릴 수밖에 없다. 그 프로그램화가 제대로 되어 있지 않는 한 의사소통은 불완전하다.*

(사) 고맥락의 의사소통은 흔히 예술 형식으로 이용되기도 한다. 그러한 의사소통은 결합력과 응집력을 부여하며 수명이 길고 잘 변하지 않는다. 그러나 저맥락의 의사소통은 결합시키는 작용이 없고 쉽사리 변할 수 있다.

(아) 적응과 변화에 대한 요구(저맥락 지향적)와 안정에 대한 요구(고맥락 지향적)라는 두 가지 분명하게 대조적인 요구의 균형을 이루기 위한 전략 개발이 가능한지 궁금할 것이다. 역사를 돌이켜 보면 고맥락의 양식이 너무 오래 지속된 나머지 적응력을 잃은 국가나 제도의 사례가 무수하다. 그러나 저맥락 체계로 인한 현대 세계의 불안정은 인류 역사상 일찍이 유례가 없는 것이다. 더구나 이 정도의 급속한 변화에 대처하는 방법을 알려 줄 만한 경험의 축적이 우리에게는 없다.

여기서는 사람이 관계를 맺고 있는 사람이나 관계를 뜻한다.

(자) 오늘날 인간 세계의 대부분을 구성하고 있는 연장물(extension)*은 대개 맥락도가 낮다. 문제는 인간이 그 연장물과의 사이에 존재하는 긴장을 얼마나 오래 견뎌 낼 수 있을 것인가 하는 것이다. 급속하게 진화하는 저맥락 체계에서는 불가피한 일인 만큼 사물이 복잡해질수록 정보 과잉에 대처하기 위해서는 결국 생활 및 제도를 맥락도가 높은 방향으로 전환시켜 안정을 지향할 필요가 있다.

1) 윗글은 무엇에 대해 설명하고 있는가?

_____

_____

2) 윗글의 내용과 같으면 ○, 다르면 × 하시오.
① 맥락도는 의사소통의 성격에 관한 모든 것을 결정하고 그에 따른 모든 행위의 기본이 된다. (   )
② 맥락도가 높은 의사소통의 특징은 수신자와 그 배경에 정보가 이미 프로그램되어 있어서 메시지에는 최대한 많은 정보가 포함되어 있다. (   )
③ 저맥락의 의사소통은 흔히 예술 형식으로 이용되며 수명이 길고 잘 변하지 않는 특징이 있다. (   )

3) 바실 번스타인(Basil Bern stein)의 연구에 대한 설명으로 옳지 않은 것은 무엇인가? (   )
① 언어 코드에는 제한된(고맥락) 코드와 정교한(저맥락) 코드가 있다.
② 가정에서 친근한 사람끼리는 정교한 코드로 의사소통이 이루어진다.
③ 교실, 법정의 장에서는 아주 명확하고 구체적이고 정교한 코드가 사용된다.
④ 누구를 '말로 이긴다'는 것은 필요 이상의 정보를 제공하여 저맥락화하는 것이다.

4) (자)에서 작가가 말하고자 하는 바는 무엇인가?

_____

_____

_____

생각 나누기

다음은 언어와 사고에 대한 설명이다. 한국어로 (가)는 자연스럽지만 (나)는 그렇지 않다. 여러분 나라에도 이런 표현들이 있는지 이야기해 보자.

(가) 여기저기, 이것저것, 안팎, 국내외
(나) 저기여기, 저것이것, 밖안, 국외내

언어와 사고가 밀접한 관련이 있다는 것은 인간의 사고를 드러내는 직접적인 수단이 언어라는 사실을 통해 알 수 있다. 한국어로 '여기저기, 이것저것, 안팎, 국내외' 같은 말은 자연스럽다. 반면에 '*저기여기, *저것이것, *밖안, *국외내' 같은 말들은 매우 부자연스럽게 생각된다. 이러한 표현이 부자연스러운 이유는 한국 사람들은 나와 가까운 것을 먼저 표현하고 먼 것은 나중에 표현하는데, 그러한 사고가 한국어 속에 반영되어 있기 때문이다.

◆ 다음은 한국 사람들이 많이 사용하는 말이다. 이 말의 뜻이 무엇인지 이야기해 보자.

◆ 이런 이야기를 들어 본 적이 있는지 이때 어떤 생각이 들었는지 경험을 이야기해 보고 여러분의 나라에도 이런 표현이 있는지 이야기해 보자.

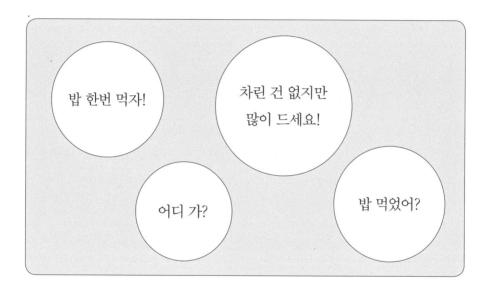

• 단락의 유형 •

1. 단락의 유형 1

　단락은 하나의 완성된 이야기로 구성되므로 내용적으로도 통일성이 있어야 하지만 형식적으로도 분명하게 구별되어야 한다. 단락을 구별하는 방식은 한 자 들여 쓰는 방법이 대표적이다. 단락은 주제문의 위치에 따라 두괄식, 양괄식, 미괄식, 중괄식, 무괄식 등으로 구별할 수 있다. 단락의 유형을 구별하는 것보다 더 중요한 것은 그 단락에서 중심 문장을 빨리 찾아내는 능력을 기르는 것이다.

2. 단락의 유형 2

　두괄식: 중심 문장이 맨 앞에 있고 뒷받침 문장들이 뒤에 위치한다.
　미괄식: 뒷받침 문장들이 먼저 서술되고 중심 문장이 끝에 위치한다.
　양괄식: 중심 문장이 맨 앞에 있고 이어서 뒷받침 문장이 서술되고 다시 한 번 중심 문장이 위치한다.
　중괄식: 뒷받침 문장이 서술되고 중심 문장이 나오고 다시 중심 문장을 뒷받침하는 문장들이 나온다.
　무괄식: 중심 문장이 명확히 드러나지 않은 단락을 말한다.

3. 단락의 유형과 글의 유형

　　두괄식은 단락의 앞부분에 먼저 중심 문장을 제시한 후, 이어서 여러 문장들을 통하여 그것을 서술, 전개해 나가는 방식으로 주장하는 글이나 설명하는 글에 많이 쓰인다. 미괄식은 두괄식 단락과는 반대로 중심 문장을 결론식으로 제시하는 방식으로 주장하는 글에 많이 쓰이나 설명하는 글이나 정서 표현이나 친교를 나타내는 글에도 나타난다. 양괄식은 주제가 앞부분과 뒷부분에 나타나는 것으로 필자가 주제를 분명히 밝히고 강조하려고 할 때 많이 쓰인다.

4. 단락에서 중심 문장을 찾는 방법

　　단락을 읽으면서 중심 문장을 찾는 방법은 다음과 같다.
　　첫째, 글을 빠른 속도로 읽으면서 중심 문장의 위치를 확인한다.
　　둘째, 설명하는 글의 경우 특히 처음 한두 문장에 주목한다. 주장하는 글의 경우에는 결론 부분에 주목한다.
　　셋째, 글에서 반복되는 단어나 어구에 주목한다. 글에서 중요한 핵심어는 반복되는 경우가 많기 때문이다.
　　넷째, 중심 문장을 찾을 수 있는 단서에 주목한다. '그러므로, 요컨대, 결과적으로' 등의 접속어 다음에 나오는 문장에 주목한다. 또한 '예를 들어'라는 말이 나오는 문장의 앞부분 역시 중심 문장일 가능성이 크다.

※ 다음의 글을 읽고 생각해 봅시다.

 ㉠이러한 의문을 처음 제기한 사람은 미국의 이스털린 교수이다. 그는 여러 국가를 대상으로 다년간의 조사를 실시하여 사람들이 느끼는 행복감을 지수화하였다. 그 결과 한 국가 내에서는 소득이 높은 사람이 낮은 사람에 비해 행복하다고 응답하는 편이었으나, 국가별 비교에서는 이와 다른 결과가 나타났다. 즉, 소득 수준이 높은 국가의 국민들이 느끼는 행복 지수와 소득 수준이 낮은 국민들이 느끼는 행복 지수가 거의 비슷하게 나온 것이다. 1인당 국민소득이 1만 달러에서 2만 달러로 올라간다고 해도 사람들이 그만큼 더 행복해진다고 말하기는 어렵다. 즉, 경제 성장이 사람들의 소득 수준을 전반적으로 향상시켜 경제적인 부유함을 더 누릴 수 있게 할 수는 있어도 행복감마저 그만큼 더 높여 줄 수는 없는 것이다. 이처럼 최저 생활 수준만 벗어나 일정한 수준에 다다르면 경제 성장은 개인의 행복에 이바지하지 못하게 되는데, 이러한 현상을 가리켜 ㉡'이스털린의 역설'이라고 부른다.

1. 윗글의 '㉠이러한 의문, ㉡이스털린의 역설'이 의미하는 바가 무엇인지 써 보자.

㉠이러한 의문:

_____

_____

㉡이스털린의 역설:

_____

_____

_____

2. 윗글의 중심 문장을 찾아 써 보자.

• 중심 문장:

_____

_____

_____

_____

_____

3. 윗글의 중심 문장의 위치로 볼 때 단락의 유형은 무엇인가?

_____

_____

두괄식 구성과 미괄식 구성의 장점에 대해 생각하여 써 보자.

두괄식 구성의 장점	미괄식 구성의 장점

2과

예술을 보는 눈

들어가기

인간의 모든 활동은 그 내부에 미학적 계기를 가지고 있다. 인간은 물질적인 생산은 물론 정신적인 생산의 그 어떠한 부문에 있어서도 미(美)를 창출한다. 막심 고리키는 **"인간은 그 본성에서부터 예술가이다. 그는 어디서든 어떤 모습으로든 자신의 생활에 미를 도입하려고 한다"**라고 말했다. 예술가란 인간이 갖고 있거나 희망하는 미(美)를 작품으로 옮기고 표현하는 사람이라고 말할 수 있다.

– **막심 고리키**(Maxim Gorky)＊

막심 고리키 (Maxim Gorky, 1868~1936)는 러시아에서 출생한 소설가이다. 공산주의 리얼리즘 문학을 창조한 최초의 소설가로 소련(러시아 이전) 문학 발전에 큰 영향을 주었다.

1) 여러분은 막심 고리키가 말한 것에 동의할 수 있는가?

2) 여러분은 예술가란 어떤 사람인지 친구와 이야기하여 정의해 보자.

• 예술가란:

19세기 유럽에서는 사진을 예술로 인정할지에 대해서 많은 논란이 벌어졌다. 기계 매체로 표현하는 사진에 어떤 정신성이나 창조적 주체성이 있을지에 대해 의심을 품었던 것이다. 당시 많은 사진작가는 사진에 대해, 대상을 있는 그대로 기록할 수 있다는 점과 복사가 가능하다는 점이 회화와 구별되는 특징인 것으로 인식하고 있었으나, 사진이 예술인 이유는 이러한 특성들과 관계없이 여전히 회화와 유사한 방식의 표현을 할 수 있기 때문이라고 생각했다. ㉠그들은 그런 식으로 자신들의 예술성을 담보하려 하였지, 사진만이 가진 고유한 방식으로 예술이 될 수 있는 가능성을 탐구하지는 않았다.

이를 회화주의 사진이라고 하는데 이는 기계 매체로서의 사진의 예술적 표현 능력을 과소평가하고 회화의 표현 기법으로 사진을 예술적으로 표현하려 했던 사진을 일컫는다. 레일랜더(Oscar Rejlander)나 로빈슨(Henrry Robinson)으로 대표되는 회화주의 사진작가들은 사진을 통해 드러낼 수 있는 다양한 주제를 표현하는 대신에 회화적인 주제나 표현만을 사진에 도입했다. ㉡그들은 전체 이미지를 스케치하고, 하나씩 찍은 후 배치하여 대형 인화지에 여러 개의 원판 필름을 합성하는 '합성 인화' 방식을 채택했다. 또한 그림 도구를 이용한 '인화법이나 연초점*의 촬영, 과감한 리터칭* 등 사진에도 회화적인 기법을 사용했던 것이다.

그러나 이러한 경향에 반발해 회화에 종속된 사진을 분리시켜 사진의 독자적인 기술로 있는 그대로를 찍겠다며 사진 본래의 표현을 행동으로 보여 준 그룹이 나타난다. 이를 '사진 분리파'라 하며 그 대표적 인물이 알프레드 스

> 연초점은 특수한 렌즈나 장치를 써서 사물의 형상이 부드럽게 나타나도록 하는 것을 말한다.

> 리터칭은 인쇄에 들어가기 전에 사진 제판 공정에서 흠집 제거, 색 조절, 강조 등을 위해 사진을 손질하는 기법을 말한다.

티글리츠(Alfred Stieglitz)이다.

스티글리츠가 사진 분리파 운동을 주도한 것은 근대 문명이 도래하기 시작한 20세기 무렵이었다. 그는 기차, 증기선, 비행기 등 근대 문명이 도래하는 시점에 과거의 풍경화나 종교화 등을 재현하기 위해 사진을 합성 인화하고 의도적으로 렌즈를 조작했던 회화주의 사진을 더 이상 따르지 않고 사진의 정밀하고 정확한 기계적 속성을 회복하고자 했다. 이러한 역사적 전환은 스티글리츠의 '스트레이트 포토'를 통해 이루어졌다. 스트레이트 포토가 사진의 과학적 속성이 예술적 표현에 방해가 되기는커녕 오히려 대상을 사실적으로 표현함으로써 새롭게 현실을 드러내려는 예술적 노력임을 주장한 것이다.

스티글리츠는 사실주의의 입장을 더욱 공고히 하고 내면화하기 위한 시도로 클로즈업을 통한 정물적 대상 파악을 추구하였다. 그가 클로즈업 수법을 많이 동원한 까닭은, 한 부분을 집중적으로 강조함으로써 전체를 암시하는 사진의 상징성을 살리려는 의도에서였다.

그가 20세기 현대 사진에 주춧돌을 놓은 것은 사진의 눈을 통해 현실 그대로 보는 동시에, 보이는 것을 통해서 보이지 않는 내면세계까지 드러내고자 한 것이었다. 그의 이러한 자각은 오랫동안 제 방향을 찾지 못하던 사진 예술을 본궤도에 올려놓았다고 평가할 수 있다.

더 알아 가기

오스카 레일랜더(Oscar Rejlander)는 조합 인화를 극대화시킨 인물이다. 레일랜더의 조합 인화 작품 중 가장 유명한 것은 1857년에 완성된 '인생의 갈림길(The Two Ways of Life)'이다. 당시 일반 사진은 기록성 중심의 진실 재현을 하거나 또는 회화를 도와주기 위한 수단으로 생각하는 경향이 짙었기 때문에 사진을 예술로 인정하지 않으려는 부류가 형성되어 있었다. 그러나 '인생의 갈림길'에서와 같이 교훈적인 내용과 정신 순화적인 측면에서 뛰어난 작품들은 예술로 인정을 받았다.

인생의 갈림길(The Two Ways of Life, 1857)

화가이자 판화가였던 헨리 로빈슨(Henrry Robinson)은 1852년부터 사진 작업을 하였다. 그의 작품 중 가장 널리 알려진 작품으로는 1858년에 제작한 '임종(Fading Ways)'이다. 이 사진 역시 조합 인화를 사용하여 제작하였다. '임종'은 연출에 의해서 표현된 것이기는 하지만 사진의 기록성, 진실 재현이라는 측면이 부각된 작품이다.

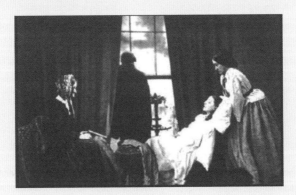
임종(Fading Away, 1858)

알프레드 스티글리츠(Alfred Stieglitz: 1864~1946)는 미국 근대 사진의 아버지로 불리는 리얼리즘적 표현을 주장한 사진작가이다. 1902년 '사진 분리파(Photo-Secession Group)'를 만들어 신진 사진작가들에게 많은 영향을 주었다. 대표적인 작품으로 '3등 선실' 등이 있다.

3등 선실(The Steerage, 1907)

1) 'ㄱ과 ㄴ'이 의미하는 '그들은', 결국 누구인가?

_____

_____

2) 윗글을 크게 두 부분으로 나눌 때, 두 번째 부분의 첫 어절을 찾아 쓰시오.

_____

3) 윗글에서 '사진 분리파'는 어떤 사람들인지 찾아 쓰시오.

_____

_____

_____

4) 스티클리츠가 클로즈업 기법을 통해 보여주고자 한 바는 무엇인가?

_____

_____

_____

_____

5) 윗글의 제목을 붙여 보자.

_____

생각 나누기

예술을 구분하는 기준에 대해 모둠별로 정리해 보자.

_____

_____

_____

_____

_____

인간은 왜 예술이란 걸 하게 되었을까? 감상하려고? 아니다. 우리가 아는 한 감상을 위한 예술의 전통은 겨우 몇 백 년밖에 안 된다. 르네상스 때조차 예술은 뚜렷한 실용적 목적을 갖고 있었다. 게다가 인류 최초의 그림들은 대개 깊숙한 동굴 속에 그려져 있다. 만약 감상하기 위한 거라면, 왜 그것들을 동굴 속에다 그렸겠는가? 알타미라 동굴로 가 보자.

유희

머리를 숙이고 어두운 동굴을 따라 한참 들어가니, 갑자기 탁 트인 공간이 나온다. 춤추는 모닥불가에 못생긴 원시인들이 아무렇게나 널브러져 있다. 그들은 오늘 사냥에서 커다란 들소를 잡았다. 덕분에 모처럼 포식을 하고, 이제 들소의 날카로운 뼛조각으로 이빨 사이의 후식을 즐기는 중이다. 이제 뭘 하지? 잠이나 잘까? 한 젊은이가 이쑤시개로 동굴 바닥을 긁적거리며 격렬했던 전투 장면을 떠올린다. 그 큰 놈이 무릎을 꿇고 쓰러져 가던 통쾌한 모습이란……

그때, '어, 이게 뭐지?' 갑자기 바닥에 들소의 형체가 나타나는 게 아닌가. 뼈 끝에서 들소가 나오다니, 그는 기억을 더듬어가며 네 다리와 꼬리를 마저 그려 넣었다. 그리고 졸지에 인류 최초의 예술가가 된다.

'유희 기원설'이라 할 수 있는 이 가설에 따르면, 벽화나 집단무(集團舞) 같은 원시 예술은 '남아도는 에너지의 방출 통로'다. 말하자면 근질거리는 몸을 풀기 위한 한가한 소일거리라는 얘기다. 이 고상한 소일거리는 사실 동물의 세계에서 물려받은 거라고 한다. 실제로 몇몇 동물은 영양 과잉을 해소하기 위해 놀이를 하는데, 원시 예술은 결국 여기서 나왔다는 거다. 하지만 이 가설엔 커다란 문제가 있다. 과연 구석기인의 생활이 남아도는 에너지를 발산하지 못해 안달할 정도로 편안했을까? 자연의 횡포 앞에 알몸으로 내던져진 이들의 삶이?

노동

여기서 다른 가설이 나온다. 예술은 노동에서 비롯되었다. 가령 수렵무나 전쟁무를 보자. 그 춤은 당연히 수렵과 전쟁에서의 승리를 기원하기 위한 거다. 또 원시인들의 음악을 보자. 그건 노동 과정에 뒤따르는 노동요로, 노동의 수고를 덜기 위한 거다. 악기의 생김새를 보라. 북은 짐승 가죽을 말리던 둥근 틀에 울림통만 갖다 붙인 거고, 여러 관악기는 짐승의 뿔이나 바닷가의 고동과 비슷하다. 즉 악기의 원형은 농경, 어로, 수렵, 목축 등 노동 도구였음에 틀림없다. 회화를 보라. 회화는 원래 의사소통을 위한 신호에서 나온 거다. (…중략…)

이렇게 보면 예술이 유희가 아니라 노동에서 비롯된 게 틀림없는 것 같다. 가령 원시인들의 수렵무는 배가 불러 에너지가 남아돌 때가 아니라, 오히려 짐승을 잡지 못해 오랫동안 굶주렸을 때 추는 거라고 한다. 말하자면 힘이 남아돌아서가 아니라 살아남아야 한다는 절박한 필요에서 춤을 추었단 얘기다. 하지만 이 설명도 아직 충분한 것 같지는 않다. 왜 원시인들은 그 힘겨운 삶 속에서도 예술을 해야만 했을까? 벽화를 그리거나 수렵무를 춘다고 짐승이 더 잡히는 건 아닐 텐데 말이다. 다시 동굴로 가 보자.

주술

(…중략…) 동굴 벽화엔 대개 창이나 도끼로 가격한 흔적이 남아 있다. 그들은 왜 애써 그린 그림을 거리낌 없이 훼손했을까? 그건 그림 속의 들소를 죽임으로써 살아 있는 들소를 잡을 수 있다고 믿었기 때문이다. 그들이 예술이라는 쓸모없는 짓거리에 귀중한 시간과 정열을 투자한 것은, '가상'을 통해 '현실'의 소망을 이루려는 주술적 신앙 때문이었다. 벽화나 수렵무 속

의 '가상'이 그들에게는 곧바로 '현실'이었다. 영화 〈늑대와 춤을〉에 나오는 수우족의 한 인디언은 어느 탐험가가 들소를 스케치하는 걸 보고 이렇게 불평했다 한다. "저 사람이 들소를 여러 마리 자기 책 속에 넣어 갔다. 그때부터 우는 들소를 구경할 수 없었다."

하지만 여기에도 문제가 없는 건 아니다. 가령 그림을 그린다고 들소의 수가 늘거나, 수렵무를 춘다고 들소가 더 잘 잡힐 리는 없다. 주술의 효과가 먹히지 않는 경우를 여러 번 당한다고 하자. 그럼 무지한 구석기인들조차도 의심을 품고, 결국 엄청난 시간과 정열을 잡아먹는 어리석은 짓을 그만두었을 거다. 하지만 그들은 이 쓸데없는 짓을 그만두지 않았다. 왜?

그들은 알지 못한다.

놀랍게도 주술이 실제로 효험이 있었기 때문이다. 어떻게? 들소를 그리면, 정말 들소가 동굴 속으로 어슬렁어슬렁 기어들어 온단 말인가? 수렵무를 추면 들판에서 풀을 뜯던 멀쩡하던 들소들이 그냥 자빠진단 말인가? 그럴 리는 없다. 그럼 어떻게? 우리가 아는 한 당시엔 문자도 없었고 책도 없었고, 물론 동물학이란 학문도 없었다. 그 시대에 동굴 벽화는 원시인들이 경험에서 얻은 동물에 관한 모든 지식을 담는 유일한 수단이었다. 구석기 벽화가 그토록 뛰어난 사실성을 보여 주는 건 아마도 동물을 쫓는 예리한 '사냥꾼의 눈'으로 관찰한 결과이기 때문이리라. 동물의 동작과 해부학적 구조에 대한 지식, 가령 급소가 어디에 있느냐 하는 것들은 그들의 생존에 필수적인 지식이었다. 부정확한 묘사는 곧 잘못된 지식을 의미하고, 사냥을 망치거나 심지어 목숨을 위태롭게 하는 결과를 낳을 수 있다. 때문에 그들은 동물의 신체를 가능한 한 정확하게 묘사해야 했을 거다.

알타미라 동굴 벽화

알타미라 동굴(cueva de Altamira)은 스페인의 세계 유산이다. 후기 구석기 시대의 유적으로서 야생 동물의 뼈와 사람들의 손으로 그린 암벽화가 그대로 보존되고 있다. 인류가 머물렀던 흔적은 동굴의 맨 앞부분뿐이다. 원시인들은 숯이나 황토로 형상을 그리거나 자연 염료를 이용해서 그림을 그렸다. 더군다나 명암법이 드러나 있어 일부 형상에는 3차원의 이미지가 나타나기도 한다.

1) 인간이 예술을 하게 된 이유를 '유희 기원설'에서 찾는다면 그 이유는 무엇인지 기술하시오.

_____

_____

_____

_____

_____

_____

_____

2) 윗글의 필자는 인간이 예술을 하게 된 이유에 대해 '유희 기원설'이나 '노동 기원설'은 아니라고 생각한다. 그 이유를 기술하시오.

_____

_____

_____

_____

_____

_____

_____

3) 윗글의 내용과 같으면 ○, 다르면 ✕ 하시오.
① 필자는 원시인들의 주술이 효험이 있는 근거를 제시하고 있다. (   )
② 필자는 원시인들이 춤을 추는 것은 배가 불렀을 때 하는 행위라고 생각한다. (   )
③ 필자는 수우족의 한 인디언의 예를 통해 수우족이 현실과 가상을 구분하지 못했다고 생각한다. (   )

4) 윗글을 쓴 필자는 인간이 예술을 한 이유를 어디에서 찾는가?
그 이유도 쓰시오.

_____

_____

_____

_____

_____

_____

_____

여러분은 인간이 왜 예술을 하게 되었다고 생각하는가? 오늘날에는 왜 예술을 하는
지를 모둠별로 이야기해 보자.

• 인간은 왜 예술을 하게 되었는가?

_____

_____

_____

_____

_____

_____

_____

• 오늘날에는 왜 예술을 하는가?

_____

_____

_____

_____

_____

_____

_____

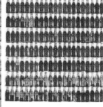

◆ 위 작품은 앤디 워홀(Andy Warhol)의 작품이다. 위 작품을 예술이라고 할 수 있는가? 예술인지 아닌지를 친구와 이야기해 보자.

> 앤디 워홀(1928. 8. 6.~1987. 2. 22.)은 시각주의 예술 운동의 선구자로, 팝 아트로 잘 알려진 인물이다. 산업 일러스트로 성공적인 경력을 쌓은 후에 화가, 아방가르드 영화, 레코드 프로듀서, 작가로서 유명해졌다.

예술인가?	예술이 아닌가?

• 글의 서술 방식(1)—설명① •

1. 서술 방식

> 글쓴이는 자신이 말하고자 하는 바를 효과적으로 전달하기 위해 다양한 서술 방법을 활용하여 글의 내용을 서술한다.
>
> 다양한 서술 방식의 특징과 효과를 이해하고 이를 바탕으로 글을 읽는다면, 글의 내용과 주제 등을 효과적으로 파악할 수 있다.
>
> 서술 방식은 그 목적에 따라 크게 설명과 논증으로 나누어 볼 수 있다.

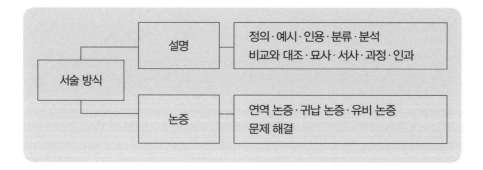

2. 설명①

> 설명이란 어떤 일이나 대상의 내용을 알기 쉽게 풀이하거나 자세히 해명하여 그것의 실체가 무엇인지를 잘 알 수 있도록 해 주는 서술 방식이다
>
> 다시 말해 개념화된 정보를 제공하며, 과학적 근거에 바탕을 둔 객관적인 서술 방식이다.

1) 정의

정의란, 어떤 대상(말이나 사물)의 뜻을 명백히 밝혀 규정하는 서술 방식이다. 대상의 범위를 규정하거나 논의를 위한 전제를 제시할 때 주로 사용된다. 'A는 B이다.'와 같은 형식을 주로 취한다.

예) 인문 과학이란 인간과 인간의 문화에 관심을 갖는 모든 학문 분야를 말한다.
　　 A 　　　　　　　　　 B

2) 예시

예시란, 일반적인 원리나 법칙, 진술 등을 명료하게 이해시키기 위해 구체적인 사례를 들어 설명하는 방식이다. '예컨대', '예를 들어'와 같은 표현을 동반하는 경우가 많다.

예) 최근 한국에서는 페미니즘 소설들이 많이 출판되고 있다. 예컨대 대표적인 작품으로 조남주의 『82년생 김지영』, 김숨의 『당신의 신』 등을 들 수 있다.

3) 인용

인용이란, 격언 명언, 속담 등 다른 사람의 글이나 말을 사용하여 설명하는 방법이다.

예) "20년 후 당신은, 했던 일보다 하지 않았던 일로 인해 더 실망할 것이다. 그러므로 밧줄을 풀어라. 안전한 항구를 떠나 항해하라. 당신의 돛에 무역풍을 가득 담아라. 탐험하라. 꿈꾸라. 발견하라."라고 마크 트웨인은 말한 바 있습니다. 청년 여러분 멈춰 있지 말고, 꿈을 꾸고 도전하십시오. 미래는 열려 있습니다.

4) 분류

분류란, 비슷한 특성을 지닌 대상들을 일정한 기준에 따라서 묶거나 나누어서 설명하는 서술 방식이다. 하위 개념들을 모아서 상위 개념으로 묶어가는 방식, 상위 개념에서 하위 개념으로 나누어 확산하는 방식이 있다.

예) 문학, 역사, 철학은 인문 과학에 속하고, 정치학, 신문 방송학, 사회학, 사회 복지학 등은 사회 과학에 속하며, 물리학, 화학, 수학, 생물학 등은 자연 과학에 속한다.

예) 동물은 척추의 유무에 따라 척추동물과 무척추동물로 나눌 수 있다. 다시 척추동물은 포유류, 조류, 파충류, 양서류, 어류로 나누어진다.

5) 분석

분석이란, 대상을 구성 요소나 부분들로 나누어 설명하는 서술 방식이다. 일반적으로 분석은 하나의 대상을 그것을 구성하는 각각의 요소로 나누고 각 요소들이 어떻게 구성되어 있는지를 밝히는 방식을 취한다.

예) 풍력 발전기는 날개, 변속 장치, 발전기의 세 부분으로 구성되어 있다. 날개는 바람에 의해 회전되어 풍력 에너지를 기계적인 에너지로 변환시키는 장치이다. 변속 장치는 날개에서 발생한 회전력이 중심 회전축을 통해서 변속 기어에 전달되어 발전기에서 요구되는 회전수로 높여서 발전기를 회전시킨다. 발전기는 날개에서 발생한 기계적인 에너지를 전기 에너지로 변환하는 장치이다.

※ 다음의 글을 읽고 아래의 질문에 답해 보자.

(가) 두족류라는 말을 들어본 적이 있는가? 이 말을 처음 들어 본 사람도 있겠지만, 사실 두족류는 우리에게 매우 친숙한 존재들이다. "어물전 망신은 꼴뚜기가 시킨다."라는 속담에 등장하는 꼴뚜기를 비롯하여 우리가 즐겨 먹는 오징어, 문어, 낙지 등이 바로 두족류인 것이다. 이처럼 우리 주변에서 흔히 볼 수 있는 두족류이지만, 사실 우리가 비슷비슷하게 생긴 이것들을 구별하는 것이 쉽지만은 않다. 이제 우리나라 바다에 사는 두족류에 대해 알아보자.

(나) 사람은 머리, 몸통, 다리의 순서로 이루어져 있지만, 오징어나 문어는 몸통, 머리, 다리의 순서로 이루어져 있다. 이러한 독특한 생김새를 보고 이들 무리의 이름을 지었는데, 그것이 바로 두족류(頭足類)이다. 두족류란 머리[두(頭)]에 다리[족(足)]가 붙은 연체동물을 말한다.

(다) 일반적으로 두족류에게는 다음과 같은 공통적 특징이 있다. 첫째, 두족류는 몸이 좌우 대칭이고, 입 주위에 여덟 개 또는 열 개의 발이 달려 있다. 둘째, 이들의 눈은 인간의 눈처럼 아주 발달되어 있어 사물의 형체를 잘 식별할 수 있다. 셋째, 눈이 좋은 두족류는 머리도 좋아서 고등 동물처럼 장난을 치기도 하고 꾀를 내어 먹이를 잡기도 한다. 넷째, 적이 다가오면 몸 색깔을 바꾸거나 시꺼먼 먹물을 뿜고 달아나는 신기한 재주를 가지고 있다. 다섯째, 움직일 때에는 좁은 관에 물을 머금었다 한 번에 내뿜으면서 그 반동으로 앞으로 나아가는 기술을 부리기도 한다. 여섯째, 다리에는 아주 많은 빨판이 달려 있어 이것이 먹이를 움켜쥘 때나 그 밖의 여러 면에서 편리한 기능을 한다.

(라) 이 두족류는 아가미가 몇 쌍인가에 따라 아가미가 두 쌍인 것과 한 쌍인 것으로 나뉜다. 아가미가 두 쌍인 두족류를 대표하는 것으로는 암모나이트와 앵무조개가 있고, 아가미가 한 쌍인 것을 대표하는 것으로는 오징어

와 문어가 있다. 이 중에서 우리에게 친숙한 두족류는 아가미가 한 쌍인 것들이다. 여기에 속한 두족류는 다시 다리가 열 개 달린 것들과 여덟 개 달린 것들로 나뉜다. 다리가 열 개 달린 것으로는 오징어와 꼴뚜기 등이 있고, 다리가 여덟 개 달린 것으로는 문어와 낙지 등이 있다.

1. 윗글에서 두족류의 뜻을 정의한 부분을 찾아 써 보자.

_____

_____

_____

_____

2. (가)에서 사용된 서술 방식 두 가지를 써 보자.

_____

_____

3. (라)에서 사용된 서술 방식 두 가지를 써 보자.

_____

_____

4. 윗글에 따르면, 두족류는 다음과 같이 나눌 수 있다. 다음 [   ]에 들어갈
   말을 찾아 써 보자. (   )에는 구체적인 동물명을 작성해 보자.

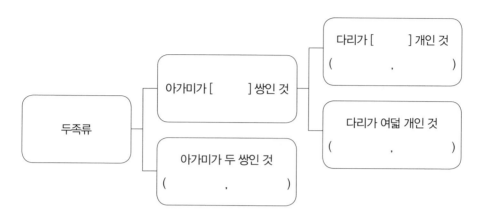

다음은 한국인이 자주 사용하는 속담이다. 속담들의 뜻을 찾아보고, 여러분의 나라에도 비슷한 내용의 속담·격언이 있다면 함께 이야기해 보자.

- 우물 안 개구리
- 낮말은 새가 듣고 밤말은 쥐가 듣는다.
- 구슬이 서 말이라도 꿰어야 보배
- 벼는 익을수록 고개를 숙인다.

3과

문학의 세계

들어가기

자세히 보아야 예쁘다
오래 보아야 사랑스럽다
너도 그렇다

「풀꽃」 – 나태주 *

나태주는 1945년 출생으로 대표 시 「풀꽃」처럼 전통적 서정성을 바탕으로 자연의 아름다움, 신비로움, 미묘함, 삶의 정경, 인정과 사랑의 연연함과 같은 작고 여린 존재를 향한 시를 썼다. 1971년 『서울신문』 신춘문예에 「대숲 아래서」로 등단한 후 현재까지 40여 권의 창작 시집을 포함해서 100여 권의 책을 펴냈다.

작가의 말

"우리는 그동안 살아오면서 어떤 것도 오래 자세히 보지 않았고 그 누구도 오래 자세히 보지 않았다. 바쁘게 '빨리빨리' 살다 보니 섬세하면서도 진지한 삶의 태도가 부족했던 것이다. "'풀꽃'의 의미는 작고 보잘것없는 모든 것들에 대한 관심과 사랑"이다."

"나 자신이 그런대로 잘 사는 사람임을 인식하고 예쁘고 사랑스러운 사람임을 발견, 괜찮다, 괜찮다, 이만하면 됐다, 그런 다스림과 함께 만족하는 마음을 가져 행복한 마음을 되찾아야 한다."

1) 이 시에서 풀꽃의 의미는 무엇인가?

2) 작가는 무엇이 중요하다고 이야기하고 있는가?

(가) 문학은 인간의 사상이나 감정, 삶의 진리, 가치 있는 경험 등을 언어를 매개로 하여 형상화하는 예술 양식을 말한다. 문학은 주제를 형상화하는 방식에 따라 여러 가지 갈래로 분류된다. 문학의 갈래란 내용과 형식상의 공통점, 차이점을 바탕으로 하여 문학 작품들을 유형별로 묶는 문학적 관습을 말한다. 문학 작품을 내용과 형식의 유사성에 따라 분류하는 것을 문학의 갈래라고 한다. 예를 들어 문학을 운율을 기준으로 하면 운문 문학과 산문 문학으로 나눌 수 있고, 전승 수단을 기준으로 구비 문학과 기록 문학으로 나눌 수 있다. 문학을 관념적 갈래로 유형화하면 서정, 서사, 극, 교술의 4분법 체계로 나눌 수 있다.

(나) 먼저 서정 갈래는 노래하기의 양식으로 표현될 수 있다. 이는 운율을 가진 언어로 인간의 정서를 형상화하는 언어 예술로, 함축적이고 절제된 언어를 활용하는 양식이다. 대표적으로 '시'를 들 수 있다. 서정(抒情)은 그대로 풀이하면 '감정을 펴다'라는 뜻이다. 만약에 누군가가 보고 싶다면 '그립다'거나 '당신을 많이 사랑합니다'와 같은 표현으로 정서를 직접 드러낼 수 있다. 그러나 이렇게 정서를 직접 표현하면 의미는 명확하게 전달될 수 있지만 미적인 효과는 적을 수 있다. 서정 갈래는 인간의 주관적이고 추상적인 정서를 효과적으로 표현하기 위해 감각적 '심상'이나 '비유'를 통해 시상을 구체화하는 한편 **함축적 언어**와 '운율'을 활용하여 압축적이고 인상적으로 표현함으로써 미적인 효과를 높인다. 이때 심상, 비유, 함축적 언어, 운율 등은 서정 갈래의 중요한 요소이자 형상화 방식으로 서로 유기적인 관계를 맺는다.

> 함축적 언어란 시에서 문맥과 상황에 따라 새롭게 생성되는 의미를 말한다. 한 편의 시에서 동일한 표현이라도 문맥과 상황에 따라 다른 함축적 의미를 지닐 수 있다.

(다) 서정 갈래가 노래하기의 표현 양식이라면 서사 갈래는 이야기하기의

표현 양식이다. 서사(敍事)란 일반적으로 사건이나 상황을 시간의 연쇄에 따라 있는 그대로 적는 것을 가리킨다. 그러나 문학 양식으로서의 서사는 작가의 상상력을 바탕으로 꾸며 낸 이야기를 전개하는 것을 말하며 대표적으로 소설을 들 수 있다. 한편 '극(劇)'이란 사건을 대사와 행동으로 직접 보여 주는 문학 양식을 말한다. 극 갈래는 보여 주기로 인간의 삶의 모습과 갈등을 서술자 없이 배우의 대사와 행동으로 표현하는 것이다. 대표적으로 희곡을 들 수 있다.

(라) 서사 갈래와 극 갈래는 허구적 사건을 통해 삶의 진실을 이야기로 전달한다는 점에서 공통적이지만, 서사 갈래의 경우 이야기꾼에 해당하는 서술자를 통해 이야기를 들려준다는 점에서 극 갈래와 구별된다. 서사·극 갈래의 주제는 작가가 창조한 특정 '시·공간' 속의 '인물'들과 이들이 만들어 가는 '사건'을 통해 구체화된다. 이때 서사 갈래는 사건을 기록하거나 전달하는 주체인 '서술자'나 서술의 방식을 뜻하는 '문체'가 중요한 구성 요소가 된다. 이와 달리 극 갈래는 서술자가 없고 인물의 '대사'와 '행동'을 주요 구성 요소로 하여 갈등을 부각한다. 극 갈래의 경우 상연 혹은 상영을 전제로 하므로 이를 위한 구체적인 '해설'과 '지시문'이 활용되기도 한다. 이들 구성 요소들은 서로 유기적인 관련을 맺고 작품의 주제를 효과적으로 드러낸다.

(마) '교술(敎述)'이란 '가르치다[敎]'와 '서술하다[述]'가 합쳐진 말로, 교훈성을 지닌 글을 의미한다. 교술 갈래의 문학은 대체로 허구적 사건이 아니라 구체적 사실 또는 실제 경험을 전달하고 자신의 내면을 성찰하여 감동과 교훈을 준다. 삶과 관련된 잠언이나 명언은 짧지만 때때로 그 자체로 큰 울림을 주기도 한다. 교술 갈래는 작가의 실제 경험과 충분한 사색을 다양한 형식으로 풀어내고, 심미적 효과를 고려한 언어를 사용하여 독자가 작가의 생각에 공감하고 감동하게 한다. 이때 구체적 경험을 풀어내는 작가의 개성적인 문체, 독특한 관점과 발상은 교술 갈래의 중요한 구성 요소로서 서로 유기적으로 작용하면서 작품의 가치를 높인다.

1) 다음에 대한 개념을 (가) 단락에서 찾아서 정리해 보자.

• 문학:
_____

_____

_____

• 문학의 갈래:
_____

_____

_____

2) 관념적 갈래로 유형화한 서정, 서사, 극, 교술의 정의를 간단히 정리해 보자.

	정의
서정	
서사	
극	
교술	

3) (라) 단락은 서사 갈래와 극 갈래의 특징에 대해 설명하고 있다. 두 갈래의 공통점과 차이점을 정리해 보자.

• 공통점:

_____

_____

_____

_____

• 차이점:

_____

_____

_____

_____

4) 윗글에 대한 설명으로 적절하지 않은 것은 무엇인가? (   )

　① 서정 갈래는 인간의 주관적이고 추상적인 정서를 효과적으로 표현하기 위해 감각적 '심상'이나 '비유'를 통해 구체화한다.

　② 서사 갈래는 인간의 삶의 모습과 갈등을 서술자 없이 대사와 행동으로 표현한다.

　③ 극 갈래는 상연 혹은 상영을 전제로 하므로 이를 위한 구체적인 '해설'과 '지시문'이 활용된다.

　④ 교술 갈래는 작가의 실제 경험과 충분한 사색을 다양한 형식으로 풀어내고, 독자가 작가의 생각에 공감하고 감동하게 한다.

다음 시를 읽고 감상해 보자.

저녁에

김광섭 *

저렇게 많은 중에서
별 하나가 나를 내려다본다
이렇게 많은 사람 중에서
그 별 하나를 쳐다본다

밤이 깊을수록
별은 밝음 속에 사라지고
나는 어둠 속에 사라진다

이렇게 정다운
너 하나 나 하나는
어디서 무엇이 되어
다시 만나랴

김광섭[金珖燮, 1906. 9. 21.~ 1977. 5. 23.]은 광복 전후 활동한 시인으로 중앙문화협회, 조선문필가협회를 창립하였고 『자유문학』을 발간하였다. 대표작은 「성북동 비둘기」, 「고독」, 「푸른 하늘의 전락」, 「고민의 풍토」 등이 있다.

이 작품에서 '별'이 의미하는 바가 무엇인지 이야기해 보자.

_____

_____

_____

지금, 나는 왜 바쁜가? 작가: 혜민 스님 *

혜민 스님은 고등학교를 졸업하고 미국으로 가서 프린스턴 대학교에서 종교학으로 박사 학위를 취득하였다. 미국에서 7년간 종교학 교수로 재직했으며, 2015년 한국으로 돌아와 현재는 뉴욕불광선원 부주지와 서울 마음치유학교의 교장을 맡고 있다. 『완벽하지 않은 것들의 사랑』, 『멈추면 비로소 보이는 것들』, 『젊은날의 깨달음』이란 책을 쓴 베스트셀러 작가이다.

(가) 사람들은 보통 '마음'이라고 하는 것과 '세상'이라고 하는 것이 따로따로 존재한다고 알고 있어요. 마음은 내 몸 안에 있고 세상은 내 몸 밖에 있다고 생각하지요. 그리고 우리의 마음은 몸 밖의 생각의 지배를 받아서, 세상이 내 마음을 슬프게 만들기도 하고 기쁘게 만들기도 한다고 생각해요. 따라서 우리 마음은 거대한 세상에 비하면 너무나도 초라하고 작고 연약한 존재로 여기게 되지요.

(나) 얼마 전 법당 불사(佛事)를 완공한 한 선배 스님이 들려준 말이에요.

"집을 직접 지어 보신 분들은 잘 아시겠지만, 법당 공사를 하던 중에 지붕의 기와를 올려야 하는 시점이 오니까 이상하게도 제 눈에는 어딜 가나 가정집이든 절이든 지붕 위에 있는 기와들만 자꾸 눈에 들어오는 거예요. 그다음에 또 마루를 깔 때쯤 되니까 이번엔 가는 곳마다 마루만 눈에 들어오는 거예요. 어딜 가나 그곳 마루 나무의 결이나 색깔, 단단함 같은 것에만 눈길이 가더라고요. 그런데 이 사실을 제 스스로 자각한 순간 작은 깨달음이 있었어요. 세상을 볼 때 우리는 이처럼 각자의 마음이 보고 싶어 하는 부분만을 보고 사는 건 아닌가 하는 점이었어요. 우리에게 보이는 세상은 온 우주 전체가 아니라, 오직 우리 마음의 눈을 통해서만 볼 수 있는 한정된 세상이라는 걸 새삼스레 발견하게 된 것이지요."

(다) 그렇다면 우리의 마음은 거대한 세상의 영향 아래 좌지우지되는 수동적이고 연약한 존재는 아닌 것 같습니다. 내 마음의 렌즈를 세상의 어느 방

향으로 향할까 하는 선택만큼은 우리 스스로 할 수 있는 것이 아닐까요? 어차피 내 마음의 눈을 통해 바라보는 세상은 한정되어 있고, 내가 의도적으로 선택하여 보고 싶은 부분에 초점을 맞추면 세상도 따라서 그렇게 보일 것이 분명합니다. 하지만 이건 생각처럼 쉬운 일이 아니지요. 내 의지로 렌즈의 방향을 선택하는 것은 사실 절대적인 노력이 필요합니다.

(라) 마음의 렌즈의 방향 설정뿐만 아니라 렌즈 자체 상태도 중요합니다. 즉 세상을 바라보는 내 마음이 어떤 상태냐에 따라 렌즈는 갖가지 색으로 물이 들어요. 마음이 기쁜 상태라면 렌즈 자체에 기쁨의 물이 들어 있습니다. 그 렌즈로 바라보는 세상은 당연히 기쁨으로 가득합니다. 반대로 마음이 외로운 상태의 렌즈를 하고 있으면 역시 참으로 외롭게 보여요.

(마) 이제 내 이야기를 해 보려 합니다. 미국에서 스님 본분으로 살랴 교수 본분으로 살랴 정신이 없습니다. 학자이기도 하고 선생이기도 하고 종교인이기도 하고 수행자이기도 한 삶을 살다 보면 정신없이 바쁘게 느껴집니다. 주중에는 학생들을 가르치고 학자로서 연구 활동도 해야 하고, 주말에는 3시간 동안 운전해서 뉴욕에 있는 은사 스님 절에 가서 소임을 맡아서 일을 해야 합니다. 방학이 되면 바쁜 일정은 한층 더해집니다. 어른 스님께 인사도 가야 하고, 통역 부탁 받으면 통역하러 가야 하고, 법문 요청이 들어오면 법문하러 가야 하고, 그런 와중에 혼자 수행하는 시간도 떼어 놔야 합니다. 게다가 논문도 써야 하고 연구도 해야 합니다.

(바) '내가 도대체 뭐 하는 사람이지?' 이게 뭐 하는 건가 싶을 때도 사실 있어요. 내가 승려 맞지, 승려가 이렇게 정신없이 분주하게 살아도 되나, 싶을 때도 있고요. 하지만 곧 알아채게 됩니다. 세상이 바쁜 것이 아니고 내 마음이 바쁜 것이라는 사실을. 결국 내 마음이 쉬면 세상도 쉬게 될 것이라는 것을.

(사) 그리고 이렇게 바쁘게 사는 내 자신을 더 가만히 들여다보니 알 수 있었습니다. 내 삶이 이토록 바쁜 까닭은 내가 바쁜 것을 원하고 있기 때문이

라는 것을요. 정말로 쉬려고 한다면 그냥 쉬면 되는 것입니다. 어디선가 부탁이 들어와도 거절하면 되는 것이고, 그 거절을 못 하겠으면 핸드폰을 꺼 놓으면 끝인 것입니다. 그런데도 그러지 못하고 바쁜 일정 속으로 나 스스로를 밀어넣은 것은, 내 마음이 어느 정도 바쁜 것을 즐기기 때문입니다. 저에게는 저를 필요로 하는 사람들을 만나서 조금이라도 도움을 주는 것이 큰 기쁨이고 행복이기 때문입니다.

(아) 결국 뭐든 세상 탓만 할 일이 아닙니다. 내가 세상에 대해 느끼는 좋고 싫고 힘들고 괴로운 감정들의 원인은 내 안에 내가 알게 모르게 심어 놓은 것일 수 있습니다. 한번 살펴보세요. 내 마음이 쉬면 세상도 쉬고, 내 마음이 행복하면 세상도 행복합니다. 마음 따로 세상 따로 존재하는 것이 아니에요. 세상 탓하기 전에 내 마음의 렌즈를 먼저 아름답게 닦읍시다.

1) 필자는 '마음'과 '세상'의 관계에 대해 어떻게 생각하고 있는가?

_____

_____

2) (나)의 이야기를 통해 알 수 있는 것은 무엇인가?

경험	행동	깨달음
집을 지을 때 ▶ 지붕에 기와를 올릴 때 ▶ 마루를 깔 때		

3) (마)~(사)에서 나타난 필자의 경험을 통해 작가가 깨달은 것은 무엇인가?(   )

① 필자는 방학 중에는 조금은 여유를 가질 수 있었다.

② 필자는 세상이 쉬면 자신도 쉴 수 있다고 생각했다.

③ 필자는 세상이 바쁜 것이 아니라 스스로 바쁜 것을 원하고 있었다.

④ 필자는 여러 사람들에게 도움을 받는 것을 기쁨과 행복으로 생각했다.

4) 필자가 생각하는 바람직한 삶의 태도는 무엇인가?

_____

_____

_____

여러분이 감명 깊게 읽은 책을 소개해 봅시다. 그리고 마음에 남는 표현이나 글을 소개해 봅시다.

■ 작가: 생텍쥐페리 ■ 제목:『어린 왕자』 "내 비밀은 이런 거야. 매우 간단한 거지. 오로지 마음으로만 보아야 정확하게 볼 수 있다는 거야. 가장 중요한 것은 눈에는 보이지 않는 법이야." 『어린 왕자』 중에서	■ 작가: _____ ■ 제목: _____

◆ 여러분의 나라에서 유명한 시를 찾아 써 보고 소개해 봅시다.

• 글의 서술 방식(2)—설명② •

1. 설명②

1) 비교와 대조

> 비교는 둘 이상의 대상들을 견주어 공통점에 초점을 맞추어 대상의 특성들을 밝히는 서술 방식이고, 대조는 차이점에 초점을 맞추어 대상의 특성들을 밝히는 서술 방식이다.
>
> 예) 서사 갈래와 극 갈래는 허구적 사건을 통해 삶의 진실을 이야기로 전달한다는 점에서 공통적이지만, 서사 갈래의 경우 이야기꾼에 해당하는 서술자를 통해 이야기를 들려준다는 점에서 극 갈래와 구별된다.

2) 묘사

> 묘사는 대상의 형태, 색채, 감촉, 향기, 소리 등을 언어로 그림 그리듯이 구체적이고 감각적으로 치밀하게 표현하는 서술 방식이다.
>
> 예) 내 가장 친한 친구의 얼굴은 둥근 모양이고 귀가 작고 짧은 머리이다. 눈썹은 가늘고 눈은 크다. 코는 적당한 크기로 오뚝하고 입은 큰 편이다. 얼굴은 하얗고 왼쪽 눈 아래에 작은 점이 있다. 그리고 웃을 때는 대부분 소리 없이 미소를 짓는다.

3) 서사

서사는 어떤 현상의 움직임이나 변화, 사건의 진행 등을 시간의 흐름에 따라 설명하는 서술 방식이다.

예) 벚꽃이 만발하던 4월 초순에, 창수는 집을 나갔다. 일주일 지나고 열흘이 지나고 한 달이 되어도 그는 돌아오지 않았다. 동생 창길이는 형 창수가 돈을 벌어 무사히 집으로 다시 돌아오기를 밤낮으로 기도를 하며 기다렸지만, 창수는 녹음이 우거지는 여름이 지나도 돌아오지 않았다. 단풍이 들고 낙엽이 떨어지는 가을을 지나, 강물이 얼기 시작하는 추운 겨울로 접어들었다. 어느덧 12월의 마지막 날 저녁이었다. 경찰관이 집으로 찾아와 창수가 공사장에서 일하던 중 사고로 사망했다는 소식을 전해 주고 돌아갔다. 그날은 매서운 겨울바람과 함께 눈보라가 휘몰아치는 험한 날이었다.

4) 과정

과정은 어떠한 일이 되어 가는 순서에 따라 기술하는 서술 방식이다. 특정한 목표나 결과를 가져오게 하는 일련의 행동, 변화, 작용 등에 초점을 둔다.

예) 떡볶이 떡을 끓는 물에 살짝 데쳐서 말랑하게 만든다. 어묵은 먹기 좋은 크기로 썰어 뜨거운 물에 담가 기름기를 뺀다. 프라이팬에 물을 넣고, 고추장, 간장, 설탕, 물엿 등을 섞은 양념장을 넣어 잘 푼다. 프라이팬을 가열하면서 떡을 넣고 눌어붙지 않게 주의하면서 끓인다. 준비해 둔 어묵을 넣고 양념장이 걸쭉해질 때까지 끓인다. 식성에 따라 대파, 양파, 당근 등을 넣어서 떡볶이를 완성한다.

5) 인과

인과는 어떤 결과를 가져오게 한 원인을 밝히거나 어떤 원인에 의하여 초래된 현상을 중심으로 내용을 서술하는 방식이다. 즉 원인과 결과를 나타내는 것이다.

예) 겨울철 한국에서는 산불이 종종 발생한다. 한 조사에 따르면, 이런 일은 80% 이상 사람들의 부주의로 인해 일어난다고 한다.

＊ 다음 글을 읽고 아래의 질문에 답해 보자.

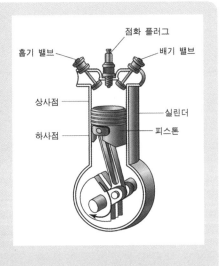

(가) 엔진의 동력은 흡기, 압축, 폭발, 배기의 4 행정을 순차적으로 거쳐 생산된다. 흡기 행정에서는 흡기 밸브를 열고 피스톤을 상사점에서 하사점으로 이동시킨다. 이때 실린더 내부 압력이 대기압보다 낮아져 공기가 유입되는데, 흡입되는 공기에 연료를 분사하여 공기와 함께 연료를 섞어 넣는다. 압축 행정에서는 실린더를 밀폐시키고 피스톤을 다시 상사점으로 밀어 공기와 연료의 혼합 기체를 압축한다. 폭발 행정에서는 피스톤이 상사점에 이를 즈음에 점화 플러그에 불꽃을 일으켜 압축된 혼합 기체를 연소시킨다. 압축된 혼합 기체가 폭발적으로 연소되면서 실린더 내부 압력이 급격히 높아지고, 외부 대기압과의 압력 차이에 의해 피스톤이 하사점으로 밀리면서 동력이 발생한다. 배기 행정에서는 배기 밸브가 열리고 남아 있는 압력에 의해 연소 가스가 외부로 급격히 빠져나간다. 피스톤이 다

시 상사점으로 움직이면 흡기 때와는 반대로 부피가 줄면서 대기압보다 내부 압력이 높아지므로 잔류 가스가 모두 배출된다.

(나) 이글루 안은 밖보다 온도가 높다. 그 이유 중 하나는 이글루가 단위 면적당 태양 에너지를 지면보다 많이 받기 때문이다. 이것은 적도 지방이 극지방보다 태양 빛을 더 많이 받는 것과 같은 이치이다. 다른 이유로 일부 과학자들은 온실 효과를 든다. 지구에 들어오는 태양 복사 에너지의 대부분은 자외선, 가시광선 영역의 단파이지만, 지구가 열을 외부로 방출하는 복사 에너지는 적외선 영역의 장파이다. 단파는 지구의 대기를 통과하지만, 복사파인 장파는 지구의 대기에 의해 흡수된다. 이 때문에 지구의 온도가 일정하게 유지된다. 이를 온실 효과라고 하는데, 온실 유리가 복사파를 차단하는 것과 같다는 데서 유래되었다. 이글루도 내부에서 외부로 나가는 장파인 복사파가 얼음에 의해 차단되어 이글루 안이 따뜻한 것이다.

(다) 경회루는 정면 7간, 측면 5간 해서 35간이나 된다. 이층 누마루 집인데, 아래층은 돌기둥을 세우고 위층은 나무로 지었다. 지붕은 앞뒤 지붕면이 높이 솟아오르고, 옆 지붕은 중간에 가서 붙고 그 윗부분에는 삼각형의 단면이 생기는 팔작지붕 형식이다. 팔작지붕에서 앞뒤 지붕이 만나는 정상에 용마루를 쌓고, 그 양 끝은 새가 입을 벌리고 있는 모양이나 새의 꼬리 모양으로 흙을 구워 설치한다.

1. (가), (나), (다)의 단락에서 사용된 서술 방식을 파악해 보자.

(가) _____

(나) _____

(다) _____

2. (나)의 단락의 내용을 다음과 같이 구조화하여 정리해 보자.

결과	
원인①	
원인②	

3. (다)의 단락에서 설명하고 있는 대상은 무엇인가?

_____

_____

지금까지 여러 가지 서술 방식에 대해서 살펴보았다. 다음 〈보기〉 중에서 하나를 선택하여 서술 방식에 따른 짧은 글을 써 보자

〈보기〉
명륜당, 요리 레시피, 친구 얼굴, 어제 하루 일과, 자동차의 종류, 자동차의 구조, 자전거와 오토바이, 스트레스와 질병, 삼각형

사회 과학 영역

1과

민주주의와 근대 국가

〈2018년 민주주의 지수〉

순위	국가	총점	선거 과정	정부 기능	정치 참여	정치 문화	시민 자유	분류
1	노르웨이	9.87	10.00	9.64	10.00	10.00	9.71	완전한 민주주의
2	아이슬란드	9.58	10.00	9.29	8.89	10.00	9.71	완전한 민주주의
3	스웨덴	9.39	9.58	9.64	8.33	10.00	9.41	완전한 민주주의
4	뉴질랜드	9.26	10.00	9.29	8.89	8.13	10.00	완전한 민주주의
5	덴마크	9.22	10.00	9.29	8.33	9.38	9.12	완전한 민주주의
...	...	...	...	...	...	...	...	...
13	독일	8.68	9.58	8.57	8.33	7.50	9.41	완전한 민주주의
14	영국	8.53	9.58	7.50	8.33	8.13	9.12	완전한 민주주의
15	우루과이	8.38	10.00	8.57	6.11	7.50	9.71	완전한 민주주의
16	오스트리아	8.29	9.58	7.86	8.33	6.88	8.82	완전한 민주주의
...	...	...	...	...	...	...	...	...
20	코스타리카	8.07	9.58	7.50	6.67	7.50	9.12	완전한 민주주의
21	대한민국	8.00	9.17	7.86	7.22	7.50	8.24	결함 있는 민주주의
22	일본	7.99	8.75	8.21	6.67	7.50	8.82	결함 있는 민주주의
...	...	...	...	...	...	...	...	...

자료 : 영국 시사주간지 이코노미스트 부설 조사 기관 〈EIU〉

영국 시사주간지 『이코노미스트』 부설 조사 기관인 〈이코노미스트 인텔리전스 유닛(EIU)〉이 발표한 '2018년 민주주의 지수'에 따르면, 한국은 2017년과 같은 10점 만점에 총 8점을 받아 167개국 중에 21위에 머물렀다. 2017년에 23위였던 코스타리카가 20위로 올라서면서 한국의 순위는 20위에서 21위로 밀려났다.

---

1) 한국뿐만 아니라 전 세계의 많은 국가들이 '민주주의'를 이상으로 내세우고 있다. 민주주의란 무엇을 의미하는 것일까?

2) 과거 왕이 다스렸던 왕정 국가와 오늘날 우리가 살고 있는 국민 국가의 차이점은 무엇일까?

(가) 민주주의는 그 어원과 관련된 본질적인 특징이 있는데 이 특징을 중심으로 민주주의를 풀어 나가는 것이 가장 이해가 쉬우리라 생각됩니다. 민주주의(democracy)는 어원상 인민을 의미하는 demos*(원래는 가난한 다수의 사람)와 권력 혹은 지배를 의미하는 kratos의 합성어로 어원적으로 가난한 다수의 지배를 의미했습니다. 그 때문에 고전적 시대의 민주주의는 무식하고 가난한 사람들이 수적인 우세에 입각해서 권력을 행사하는 것*을 뜻했습니다. 그래서 ㉠플라톤과 같은 지식을 중요시했던 사람들은 민주주의를 가장 나쁜 정치 체제로 평가했던 것이죠.

(나) 하지만 문명이 발전하고 사회가 진화하면서 대다수 인민들은 교육의 혜택을 받기 시작했고 물질적인 여유도 확보해 감으로써 민주주의는 조금씩 긍정적인 의미로 사용되기 시작했습니다. 그리하여 19세기 중반 이후에는 인민의 자치 능력을 긍정하면서도 그 어원에 충실한 민주주의에 대한 간결한 정의가 등장했습니다. 아마도 여러분들은 미국의 링컨 대통령이 1863년 게티스버그 연설*에서 제시한 민주주의 정의를 잘 알고 있으리라 생각합니다. 민주주의는 '인민의, 인민에 의한, 인민을 위한 통치'라는 정의를 말입니다.

그리스어 '데모스(demos)'는 아테네 도시 국가를 구성하는 지역 단위를 지칭하는 단어였는데, 이후 보통 사람 혹은 하층 계급을 의미하는 단어로 변형되었다. 한국어로 번역될 때에는 민중, 시민, 대중, 인민 등으로 옮겨지는데, 글쓴이는 '인민'이라는 번역어를 사용하고 있다. 여기서는 글쓴이의 용법을 존중하여 '인민'으로 두었다.

중우 정치(衆愚政治, mobocracy)는 다수의 어리석은 사람들이 수적인 우위에 입각하여 행하는 정치를 말한다. 플라톤(Plato)은 다수의 폭민(暴民)에 의한 정치로 규정하였다.

1863년 11월 19일 미국 펜실베이니아주 게티스버그에서 '게티스버그 전투'에서 숨진 병사들을 위해 그 전장(戰場)의 일부를 국립묘지로 조성하는 헌정식이 거행되었다. 이 자리에서 미국 대통령 링컨은 "인민의, 인민에 의한, 인민을 위한 정부(government of the people, by the people, for the people)"라는 유명한 말을 남겼다. 여기서 'people'은 한국어로 번역될 때 민중, 국민, 인민 등으로 옮겨진다. 여기서는 글쓴이의 의도를 존중하여 그의 용례를 따랐다.

(다) 이 정의는 다소 현실과 동떨어져 있는 것이 사실이지만 민주주의에 대한 가장 간결하면서도 풍부한 정의입니다. 먼저 이 정의는 민주주의에서 정치권력은 인민에게 귀속된다는 주권 재민(主權在民)의 의미를 담고 있습니다. 오늘날 인민의 범주에는 모든 남녀 성인들이 포함되므로 한 나라의 모든 남녀 성인들이 정치권력의 주인이란 의미가 담겨 있습니다. 다시 말해 정치권력의 원천과 소재가 모든 인민에게 있다는 뜻입니다.

(라) 다음으로 링컨의 민주주의의 정의는 정치권력이 인민의 소유일 뿐만 아니라 그 인민에 의해 행사된다는 점을 강조하고 있습니다. 인민은 자신들이 직접 권력을 행사하거나, 그러기가 어려울 때는 대표자들을 선출해서 간접적인 방식으로 권력을 행사할 수 있습니다. ⓒ전자는 직접 민주주의이며 후자는 대의 민주주의라고 부릅니다. (…중략…)

(마) 어쨌든 민주주의를 인민의 자치라는 관점에서 이해하는 것은 여전히 유효합니다. 그 결과를 떠나서 민주주의는 인민 다수의 합의를 통해 정치 공동체의 문제를 풀어 나가는 정치 원리이기 때문입니다. (…중략…) 민주주의는 무엇보다도 합리적이고 자유로우며 평등한 존재들이 자신의 자유와 평등과 합리성을 실현하기 위해 요구하는 절차요 질서인 것입니다. 다시 말해 자유롭고 합리적이며 평등한 인간성을 실현하기 위해 필수 불가결한 질서의 원리라는 것입니다. (…중략…) 민주주의를 유보한다는 것은 우리가 잠시 우리의 자유와 합리성을 포기한다는 의미로, 말하자면 완전한 인간이기를 중단하는 것과 마찬가지로 볼 수 있습니다.

(바) 민주주의가 인민의 자치를 의미하는 것이라면 그것은 결국 인민 자신의 행복을 위한 정치가 되겠지요. 이것이 링컨이 정의한 민주주의 개념의 세 번째 의미입니다. 그러나 이 부분—'인민을 위한'—은 반드시 민주주의에만 국한된 것이 아님을 강조할 필요가 있습니다. (…중략…) '인민을 위한' 정치라도 인민의 자치에 의해 실천되지 않는다면 민주주의라고 할 수 없는 것입니다. (…중략…)

(사) 민주주의는 지구상에 존재하고 있는 정치 원리 중에서는 가장 결함이 적을 뿐만 아니라, 자유와 평등을 추구하는 사람들의 염원을 불완전하게나마 실현할 수 있는 유일한 집단생활의 원리인 것입니다. 민주주의는 오직 인민의 관심과 참여를 통해서만 숨 쉬며 생존해 갈 수 있습니다. 인민의 참여 없는 민주주의는 존재할 수 없습니다.

1) ㉠과 같이, 민주주의를 가장 나쁜 정치 체제로 평가한 이유는 무엇인가?

_____

_____

_____

_____

2) 윗글의 (가)에서는 '어원적인' 맥락에서 민주주의를 정의 내리고 있고, (나)에서는 '링컨의 게티스버그 연설'의 맥락에서 민주주의에 대해 정의하고 있다. 각각을 하나의 문장으로 정리해 보자.

(가)	(나)

3) ⓛ에서 말하고 있는 직접 민주주의와 대의 민주주의의 의미를 정리해 보자.

	의미
직접 민주주의	
대의 민주주의	

4) 윗글의 제목을 붙여 보자.

_____

윗글에서는 민주주의가 현실에서 실현되는 방법으로 직접 민주주의와 대의 민주주의로 나누어서 이야기하고 있다. 직접 민주주의와 대의 민주주의의 장점과 단점을 각각 생각해 보자.

	장점	단점
직접 민주주의		
대의 민주주의		

베스트팔렌 조약은 독일을 무대로 한 30년 전쟁을 끝내기 위해 1648년에 체결된 평화 조약이다. 이 조약은 가톨릭 제국인 신성로마 제국을 붕괴시켰으며, 주권 국가들의 공동체인 근대 국가체제가 성립하는 계기가 되었다.

배타적(排他的, exclusive)이란 '남을 배척하는, 또는 그런 것'을 의미한다.

절대주의 국가는 근대 국가의 원초적인 형태라고 할 수 있다. 16세기~18세기에 걸쳐 서유럽을 중심으로 중세 봉건 사회로부터 근대 시민 사회로 변천하는 과도기에 출현한 국가 형태이다.

배링턴 무어(Barrington Moore, 1913~2005)는 미국의 역사사회학자이다. 근대 세계(modern world)에 이르는 경로를 ①민주주의적 자본주의(영국, 미국, 프랑스 등), ②파시즘(독일, 일본 등), ③공산주의(러시아, 중국 등) 세 가지로 논의하였다.

(가) 17세기 중반에 체결된 베스트팔렌 조약*에 의해 유럽에서 주권 국가의 개념이 생겨났고, 이후 근대 정치 체제를 대표하는 전형이 되었다. 근대 국가는 특정한 영토와 그에 속한 사람들에 대한 **배타적**인 지배권을 갖고 독특한 형태의 기구들을 발전시켰으며, 대외적으로는 해당 영토 내에서 유일한 주권체로 인정받았으며, 형식적으로 모든 국가들은 평등하다고 간주되었다. 근대 국가는 절대주의 국가*에서 점차 국민 국가로 변형되어 갔다. 둘 사이에는 영토성이란 점에서는 유사성이 존재하지만 주권의 관점에서는 커다란 차이가 존재한다. 절대주의 국가의 주권이 왕에게 있었다면 국민 국가의 주권은 국민에게 있다.

(나) 주권이 군주에서 국민으로 이양되는 과정은 다양한 경로를 통해 달성되었는데, 배링턴 무어*는 그것들을 민주주의, 파시즘, 공산주의적 경로로 유형화시킨 바 있다. 국민 주권이 형식적인 것이든 실질적인 것이든, 18세기에서 20세기 초반에 이르기까지 유럽은 국민 국가화 과정을 거치게 되었으며, 그 과정은 제국주의 시대가 전개되면서 전 지구적인 규모로 모방되어 갔다. 그리하여 제2차 세계대전을 지나면서 본격적인 국민 국가들의 시대가 활짝 꽃피게 되었다.

(다) 오늘날의 국가는 그 규모와 형태의 차이에도 불구하고 모두 국민 국가로 간주된다. 국제 연합에서는 남태평양의 섬나라도, 유럽과 아시아의 도시 국가도, 한 대륙에 걸친 거대한 연방 국가*도, 왕이 지배하는 중동의 국가들도 모두 형식적으로나마 동등한 한 표의 권리를 지닌 국민 국가로 간주되는 것이다.

(라) 근대 국가에 대한 가장 유력한 이론으로 자유주의, 마르크스, 그리고 베버의 그것을 들 수 있다. 자유주의자들은 만인에 대한 만인의 투쟁 상태를 극복하기 위해, 혹은 정치권력의 부재로부터 야기될 수 있는 소유권이나 생명에 대한 분쟁의 해결을 위해 계약에 의해 정치적 결사체, 즉 국가가 탄생한다고 설명한다. 이러한 논리는 시장과 국가는 별개라는 자유주의적 관념과는 다르게 사회 혹은 시장에 대한 국가의 개입은 본래의 역할을 다하는 것이라고 주장한다.

(마) 마르크스*는 국가를 지배 계급의 도구라고 규정했다. 이때 지배 계급은 정치·경제적 지배 계급이다. 마르크스가 공산당선언*에서 '자본주의 국가는 부르주아의 위원회'라고 지적한 것이 바로 그것이다. 그는 계급이 철폐되면 국가 또한 소멸될 것이라 예언한 바 있다. 그러나 역사적으로 자본주의 국가는 자본에 대한 끊임없는 수정을 통해 자본주의를 재생산해 왔으며, 그 과정에서 국가는 자본에 종속된 것이 아니라 그것으로부터 상대적으로 자율적이라는 견해가 대두되었다. 또 사회주의가 건설된 이후에도 국가는 여전히 존재했을 뿐만 아니라 더욱 강력한 억압력을 행사했다.

연방 국가(聯邦國家, federation)란 자치권을 가진 다수의 나라가 공통의 정치 이념 아래에서 연합하여 구성하는 국가를 말한다. 미국, 스위스, 독일 등이 대표적인 연방 국가이다.

마르크스(Karl Heinrich Marx, 1818~1883)는 독일의 정치철학자로 유물론(materialism) 사상에 기초하여 프롤레타리아 해방을 추구하는 계급 투쟁의 이론을 수립하고 공산주의 운동을 전개하였다.

공산당선언(共産黨宣言, Communist Manifesto)은 1848년 2월 카를 마르크스와 프리드리히 엥겔스가 공산주의자 동맹의 이론적·실천적 강령으로 삼기 위해 집필한 선언이다. 인류의 역사를 계급 투쟁의 역사로 보고 공산주의의 원리를 간결하게 정리하였으며, 프롤레타리아 혁명의 승리를 선언하고 모든 프롤레타리아의 단결을 호소하였다.

베버(Max Weber, 1864~1920)는 독일의 사회학자로 사회 과학의 방법론을 전개하였다. 대표적인 저서로는 『프로테스탄티즘의 윤리와 자본주의의 정신』, 『직업으로서의 정치』 등이 있다.

(바) 이런 점들을 설명하기 위해서는 분석적으로 베버*의 국가론이 유용하다. 베버는 국가를 역사적으로 존재하는 제도의 하나로 파악했다. 그는 이념적인 측면보다 역사적으로 존재해 온 국가를 분석하고자 했으며, 국가는 그 자체로 다른 여러 수준의 제도들로부터 자율성을 지닌 제도라고 주장한 바 있다. 그러나 그 결과 국가 기구를 지배하는 수단적 합리성은 상당한 정도로 인간 사회를 억압하게 될 것이라고 지적한다.

(사) 근대 세계의 주요한 두 이데올로기인 자유주의 사상이나 마르크스주의 사상이나 모두 국가를 악한 것으로 보았다는 점은 의심의 여지가 없다. 자유주의 사상에서 국가는 필요악이었으며 마르크스주의 사상에서 자본주의 국가는 타도되어야 하며 사회주의 국가는 이행기적인 필요악이다. 하지만 베버의 관점에서 국가는 자본주의와 더불어 존재하는 근대의 독특한 제도이며 결코 없어질 성질의 것이 아니다.

1) '국민 국가'와 '절대주의 국가'의 공통점과 차이점을 정리해 보자.

공통점	
차이점	

2) 윗글에서는 근대 국가를 설명하는 유력한 이론으로 자유주의자, 마르크스, 베버의 견해를 각각 설명하고 있다. 국가에 대한 세 이론의 견해를 정리해 보자. 그리고 근대 국가에 대한 자유주의자와 마르크스의 공통점도 서술해 보자.

	'근대 국가'에 대한 견해
자유주의자	만인에 대한 만인의 투쟁 상태를 극복하기 위해, 혹은 정치권력의 부재로부터 야기될 수 있는 소유권이나 생명에 대한 분쟁의 해결을 위해, 계약에 의한 정치적 결사체, 즉 국가가 탄생했다고 보았다.
마르크스	
베버	
자유주의자와 마르크스 공통점	

3) 윗글의 내용과 같으면 ○, 다르면 × 하시오.

① 17세기 베스트팔렌 조약에 의해 유럽에서 주권 국가의 개념이 생겨나게 되었다. (   )

② 국제 연합에서는 형식적일지라도 모든 국가를 동등한 권리를 가진 것으로 인정한다. (   )

③ 베버는 국가를 지배 계급의 도구로 파악하고, 역사적으로 존재해 왔고 앞으로도 결코 사라지지 않을 것이라고 보았다. (   )

4) 윗글의 서술 방식에 대한 설명으로 적절하지 않은 것은 무엇인가? (   )

　　① '근대 국가'가 성립하게 된 과정을 역사적으로 설명하고 있다.

　　② '근대 국가'를 설명하는 이론들의 차이점에 대해 서술하고 있다.

　　③ '국민 국가'와 '절대주의 국가'를 비교·대조하면서 각각의 특징을 설명하고 있다.

　　④ '근대 국가'를 설명하는 기존의 이론들을 정리하여 새로운 이론을 도출하고 있다.

5) 윗글의 제목을 붙여 보자.

_____

생각 나누기

　　지금 우리가 살고 있는 국가와 자본주의 체제의 문제점에 대해서 이야기해 보고, 문제점을 개선하기 위한 방법에 대해서도 이야기해 보자.

◆ 다음은 대한민국의 헌법 제1조이다. 여기서 알 수 있듯이, 대한민국은 국가의 근본 이념으로 '민주주의'를 천명하고 있으며, '국민 주권주의'를 제창하고 있다.

〈대한민국 헌법〉

제1조

① 대한민국은 민주공화국이다.

② 대한민국의 주권은 국민에게 있고, 모든 권력은 국민으로부터 나온다.

여러분 나라의 헌법에서 민주주의와 주권에 대해서 어떻게 규정하고 있는지 찾아서 조사해 보고 이야기해 보자. 그리고 만약 여러분이 헌법을 만드는 데 참여하게 된다면 어떤 내용을 넣고 싶은지도 이야기해 보자.

• 글의 서술 방식(3)—논증 •

1. 논증

'논증'이란 주장하는 바를 글로 쓸 때 그 주장에 대한 근거를 밝혀 독자를 설득시키고자 하는 서술 방식이다.

이때 '주장'이란 글쓴이가 무엇에 대해 내세우는 의견이나 견해를 말하며, '근거'란 주장을 논리적·객관적으로 뒷받침하기 위해 제시하는 요소이다.

논증의 경우, 이러한 주장과 근거를 파악하면서 읽어야 한다.

여기서는 대표적인 논증 방법인 연역 논증, 귀납 논증, 유비 논증, 문제해결 등을 학습하면서 그 특성과 효과를 알아보자.

1) 연역 논증

연역 논증이란, 일반적인 사실이나 원리를 전제로 하여, 특수한 다른 원리나 개별적인 사실(결론)을 이끌어 내는 논증 방법이다.

연역 논증은 새로운 원리나 사실을 이끌어 내기는 어렵지만, 일반적으로 신뢰할 만한 결론을 도출할 수 있다.

여기서는 가장 대표적인 연역 논증인 삼단 논법을 살펴보자.

대전제	모든 사람은 죽는다.	◀ 일반적인 원리
소전제	소크라테스는 사람이다.	
결론	소크라테스는 죽는다.	◀ 개별적·특수한 사실

2) 귀납 논증

　　귀납 논증이란, 개별적이고 구체적인 사실들(경험)이나 원리로부터 보편적이고 일반적인 원리를 이끌어 내는 논증 방법이다.

　　귀납 논증은 사례나 경험을 바탕으로 지식을 체계화하여 새로운 원리를 수립한다.

　　귀납적으로 도출되는 원리는 그것을 벗어나는 예외가 있을 수 있지만, 진리에 최대한 접근해 갈 수 있다.

전제	닭은 알을 낳는다	← 구체적인 사실
	오리는 알을 낳는다	← 구체적인 사실
	독수리는 알을 낳는다	← 구체적인 사실
	닭, 오리, 독수리는 조류이다.	
결론	모든 조류는 알을 낳을 것이다.	← 일반적인 원리

3) 유비 논증

　　유비 논증이란, 두 개의 대상에서 발견되는 비슷한 속성들을 근거로 하여, 다른 속성도 유사할 것이라고 추론하여 논증하는 방법이다.

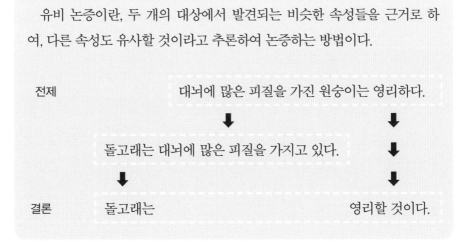

4) 문제 해결

- 문제 해결이란, 문제점을 제시하고 그 해결 방안을 모색하는 방식의 논증이다.

전 세계는 플라스틱으로 인한 환경 오염이 매우 심각하다.	← 문제점
국가는 미세 플라스틱 제품의 제조와 판매를 금지시킨다.	← 해결 방안
기업은 플라스틱을 대체하는 친환경 제품을 생산한다.	← 해결 방안
가정에서는 플라스틱 분리수거를 철저히 하도록 한다.	← 해결 방안
개개인은 플라스틱 일회용품의 사용을 줄이도록 한다.	← 해결 방안

※ 다음 글을 읽고 생각해 봅시다.

유비 논증을 활용해 동물 실험의 유효성을 주장하는 쪽은 인간과 ⓐ실험동물이 ⓑ유사성을 보유하고 있기 때문에 신약이나 독성 물질에 대한 실험동물의 ⓒ반응 결과를 인간에게 안전하게 적용할 수 있다고 추론한다. 이를 바탕으로 이들은 동물 실험이 인간에게 명백하고 중요한 이익을 준다고 주장한다.

1. 〈보기〉는 유비 논증의 하나이다. 유비 논증에 대한 윗글의 설명을 참고할 때, ⓐ~ⓒ에 해당하는 것을 ㉮~㉱ 중에서 골라 알맞게 짝 지은 것은 무엇인가?

〈보기〉

내가 알고 있는 ㉮어떤 개는 ㉯몹시 사납고 물려는 버릇이 있다. 나는 공원에서 산책을 하다가 그 개와 ㉰비슷하게 생긴 ㉱다른 개를 만났다. 그래서 이 개도 사납고 물려는 버릇이 있을 것이라고 추측했다.

	ⓐ	ⓑ	ⓒ
①	㉮	㉯	㉱
②	㉮	㉰	㉯
③	㉱	㉮	㉰
④	㉱	㉯	㉰

앞에서 논증의 방법 중에서 '문제 해결'에 대해서 공부했다. 다음의 문제점들에 대해서 해결 방안을 모색해 보자.

• 저출산·고령화로 인해 경제 성장의 둔화, 노인 부양의 부담 증가 등 다양한 사회 문제가 발생하고 있다.
• 청년 실업 문제로 인해 청년들의 삶의 질이 낮아지고 사회적 불안 등이 증가하고 있다.
• 지구 온난화로 인해 기후가 변화하고 생태계가 파괴되는 등 다양한 환경 문제가 발생하고 있다.

대중 사회와 대중문화

들어가기

출처: Pixabay

한국의 〈국립국어원〉이 편찬하는 『표준국어대사전』에서는 '대중 사회', '대중문화', '대중 매체'의 항목에 대해서 다음과 같이 풀이를 하고 있다.

• 대중 사회(大衆社會, mass society)

매스컴의 발달과 대량 생산, 조직의 관료화 따위에 의하여 만들어진 현대 자본주의의 특징적인 사회 형태. 대중을 기반으로 하여 성립되었으며, 대중의 정치 참여 기회를 증대시키는 긍정적 측면을 갖고 있는 반면에 인간의

개성이 상실되고 정치적 무관심과 현실 도피적인 성향이 일반화되는 부정
적인 측면도 나타난다.

• 대중문화(大衆文化, popular culture, mass culture)
  대중이 형성하는 문화. 생활 수준의 향상, 교육의 보급, 매스컴의 발달 따
위를 기반으로 이루어지며, 대량 생산과 대량 소비를 전제로 하기 때문에
문화의 상품화·획일화·저속화 경향이 생기는 경우가 많다.

• 대중 매체(大衆媒體, mass media)
  신문, 잡지, 영화, 텔레비전 따위와 같이 많은 사람에게 대량으로 정보와
사상을 전달하는 매체.

---

1) 대중문화란 무엇일까? 그리고 어떠한 것이 있을까?

2) 오늘날 여러분에게 가장 큰 영향을 미치고 있는 대중 매체는 무엇인가?

(가) 대중문화는 역사적으로 근대에 들어와서 형성된 문화 현상이다. 대중문화 현상을 논의하기 위해서는 대중문화를 근간으로 하는 사회적 양태인 대중 사회 논의부터 시작해야 한다.

(나) 대중 사회는 근대에 대두한 사회적 양태로서 역사적 산물이면서 특정의 사회적 요소들을 지니고 있는 사회적 현상이다. 대중 사회는 신분적이고 위계적이며 지역 공동체적 사회에서, 평등적이고 이질적이며 이해관계로 연결된 사회를 말한다. 독일의 사회학자인 페르디난트 퇴니에스(Ferdinand Tönnies)*가 ㉠'게마인샤프트(Gemeinschaft)'*와 '게젤샤프트(Gesellschaft)'*로 구분했던 근간이 되며 대중 사회는 바로 게젤샤프트적 사회 양태다.

> 퇴니에스(1855~1936)는 독일의 사회학자로, 집단생활의 기본 유형을 공동 사회와 이익 사회로 나누고, 협동조합을 통하여 공동 사회의 기능을 부활시켜야 한다고 주장했다.

> 게마인샤프트는 구성원의 결합 의지 및 선택과 무관하게 선천적·자연적으로 만들어진 집단으로 '공동 사회'를 의미한다. 게젤샤프트는 구성원들의 결합 의지와 선택에 따라 후천적·인위적으로 만들어진 집단으로 '이익 사회'를 말한다.

(다) 대중 사회가 이뤄지기 위해서는 자본을 매개로 하는 자본주의 체제를 근간으로 하고, 생산 양식으로 대량 생산 체제를 주축으로 해야 한다. 산업적으로는 기계화 산업이 주를 이루고, 산업 인력으로는 임금을 근간으로 하는 노동자들이 중심이며, 자본가들과는 계약을 통해 노동 조건과 시간을 결정한다.

(라) 대중 사회는 산업을 근간으로 구조화됐으며, 서로 이질적인 구성원들이 평등한 관계를 중심으로 담당한 작업의 역할과 기능으로 연계되어 있다. 이들은 서로 작업으로 연계되어 있으며 그 중심에는 자본과 임금이 매개되어 있다. 따라서 대중 사회는 절대 다수의 노동자들로 구성되어 있으며 이들

의 욕망과 취향이 대중 사회 전체의 속성과 문화적 취향을 결정하게 된다.

(마) 대중 사회의 또 하나 특성으로는 **매스 미디어**의 등장을 들 수 있다. 매스 미디어는 대중 사회의 연결망이며 사회 구성원들을 연계하는 네트워크

매스 미디어(mass media)는 '대중 매체'를 의미한다.

기구다. 대중 사회의 구성원들은 서로가 잘 모르는 이방인들로서 각자의 삶을 독자적으로 운영해 나간다. 사회에 대한 전반적인 정보나 소식들은 매스 미디어에서 전해 주는 콘텐츠들에 의존하며, 보편적 이해나 가치 역시 매스 미디어에서 제공하는 수준과 정도에 영향을 받는다. ⓛ이들은 이웃과 서로 연계되지 않고 각자의 생활을 독자적으로 영위해 간다. 이들은 심히 고립감을 느끼며 사회적으로 **파편화**된 존재로서 살아간다.

파편화(破片化)는 깨어져 여러 조각으로 나누어짐을 말한다.

(바) 사회 전체의 틀에서 보면, 이들 구성원들은 매스 미디어의 네트워크로 촘촘하고 세분하게 연계된 추상적 공동체다. 지역과 공간적으로 느낄 때는 전혀 공동체적으로 인식하지 못하지만, 시간과 정보망으로 보면 ⓒ추상적이며 상징적인 공동체로 새롭게 구성된다. 매스 미디어로 연계되어 있기 때문에 같은 사안이나 의제에 대해 유사하게 반응하며 이러한 유사성은 사회 전반적으로 엄청난 파괴력을 행사한다. 일정한 시기에 특정한 안건에 대해 유사한 생각을 한 구성원들의 수가 많다는 것은 그들의 생각이 무엇이든 간에 그것이 지향하는 바가 달성될 수 있다는 가능성이 그 힘의 원천이 된다. 이러한 힘의 근원에 대한 인식은 구성원들이 지닌 힘뿐만 아니라 이들을 **연계**하고 정보를 제공해 주는 ⓡ매스 미디어의 힘에 대해서도 주목하게 된다.

연계(連繫, 聯繫)는 어떤 일이나 사람과 관련하여 관계를 맺는 것을 의미한다.

(사) 매스 미디어는 정보를 제공함으로써 구성원들을 네트워크화하고 있지만, 동시에 **문화물**도 제공하면서 대중 사회 전체의 문화 현상을 주도하고

문화물(文化物)은 문화 활동에 의하여 만들어진 문화적 가치가 있는 산물을 말한다.

있다. 잡지, 신문, 라디오, TV, CATV, 인터넷 등의 미디어들을 통해 소설, 영화, 드라마, 광고, 다큐멘터리 등의 다양한 문화 장르들을 매개로 한 각종 대중문화 콘텐츠들을 생성하고 있다. 대중문화 논의에서 매스 미디어에 대한 논의는 물론이고 대중문화 장르들과 관련 콘텐츠들에 대한 논의를 병행해야 하는 이유가 여기에 있다.

1) ㉠의 '게마인샤프트(Gemeinschaft)'와 '게젤샤프트(Gesellschaft)'의 의미를 다른 책이나 사전을 참고하여 정리해 보자. 그리고 각각의 예를 들어 보자.

	게마인샤프트	게젤샤프트
의미		
구체적인 예		

2) 윗글에서 대중 사회가 성립하기 위한 조건에 대해서 서술하고 있는 단락을
   찾아서 그 조건을 다섯 가지로 정리해보자.

   _____

   _____

   _____

   _____

   _____

3) 윗글에 대한 설명으로 적절하지 **않은** 것은 무엇인가? (   )
   ① 대중 사회는 특정한 역사적 시기, 즉 근대에 들어서면서 형성되었다.
   ② 대중 사회는 게젤샤프트적 사회 양태에 가깝다고 할 수 있다.
   ③ 대중 사회는 상품의 대량 생산 체제를 배경으로 한다.
   ④ 대중 사회는 신분적·위계적인 지역 공동체적 사회를 배경으로 형성되었다.

4) 대중 사회의 구성원에 대한 설명으로 맞는 것을 **모두** 고르시오. (   )
   ① 대중 사회의 구성원은 평등하고 이질적이며 이해관계에 따라 연결된다.
   ② 대중 사회의 구성원은 대다수의 노동자로 구성되어 있다.
   ③ 대중 사회의 구성원은 지역 사회에서 이웃들과 긴밀한 관계를 맺고 살아간다.
   ④ 대중 사회의 구성원은 고립감을 느끼며 사회적으로 파편화된 존재이다.

5) 윗글을 읽고 난 후의 반응으로 적절하지 **않은** 것은 무엇인가? (   )
   ① 정국: 대중문화는 대량 생산과 대량 소비를 특징으로 하는 대중 사회를
      근간으로 하여 형성되었구나.
   ② 제니: 대중 사회의 개인들은 이웃과 서로 연계하여 교류하지만 고립되어
      파편화된 존재로서 살아가겠구나.
   ③ 지민: 대중 사회에 대해서 좀 더 심도 있게 살펴보려면 자본주의 사회의
      특성에 대해서 공부할 필요가 있겠구나.
   ④ 리사: 대중 사회를 살아가는 우리는 다양한 대중 매체를 통해 대중문화를
      향유하고 이를 통해 과거와는 다른 새로운 공동체를 형성하게 되는 거야.

윗글에 따르면(특히 ⓒ · ⓒ · ⓔ을 참조), 대중 사회의 개인은 매스 미디어를 통해 고립되고 파편화된 존재에서 추상적이고 상징적인 공동체의 구성원이 된다. 이러한 내용을 구체적인 경험이나 사례를 통해 이야기해 보자.

• 읽기 자료 2 •

대중문화의 형성

사람들은 가요, 영화, 프로 스포츠, 드라마 등을 생활 속에서 자연스럽게 즐기는데, 이처럼 다수의 사람이 즐기고 누리는 문화를 대중문화라 한다.

대중문화는 산업화 과정을 거치면서 형성되었다. 산업화로 국민 소득이 증대되면서 사회 구성원들의 물질적 여유와 여가가 늘어나게 된 한편, 의무 교육이 확대되고 **보통 선거**가 확립되면서 대중의 지위가 상승하고, 대중의 문화적 욕구가 커졌다. 그리고 기술이 발달하면서 신문, 잡지, 라디오, 텔레비전 등 대중 매체가 사회 전반에 **보급**되었다. 대중 매체의 보급은 방송, 영화, 음반 등 문화 상품의 생산으로 이어졌고, 이러한 문화 상품을 대중이 수용하고 소비하면서 대중문화가 형성되었다.

> 보통 선거(普通選擧)란 일정한 연령에 도달하면 누구에게나 선거권이 주어지는 선거의 원칙을 말한다.

> 보급(普及)은 널리 펴서 많은 사람들에게 골고루 미치게 하여 누리게 하는 것을 의미한다.

대중문화의 특징

대중문화는 대중 매체를 통해 형성되고 확산되는 경향이 있어서 대중 매체와 밀접한 관련이 있다. 따라서 새로운 대중 매체가 등장하면 대중문화의 **양상**도 달라진다. ㉠과거에는 신문, 잡지, 라디오, 텔레비전과 같은 전통적인 대중 매체를 통해 문화 상품이 생산되었고, 대중은 문화 상품을 소비하는 수준에 머물렀다. 그러나 ㉡최근에는 인터넷을 이용한 쌍방향 매체의 비중이 커지면서 대중이 대중문화의 생산에 직접 참여하는 일이 많아졌다. 또한 대중문화는 대중의 수준, 욕구, 기호를 반영한다. 대중

> 양상(樣相)은 사물이나 현상의 모양이나 상태를 의미한다.

문화의 생산자들은 대중의 입맛에 맞는 상품을 만들기 위해 노력하며, 그렇지 않으면 대중에게 외면당한다.

마지막으로 대중문화는 일상생활 속에서 손쉽게 접하고 자연스럽게 즐길 수 있다는 특징이 있다. 사람들은 무의식적으로 가요를 흥얼거리고 밥을 먹으면서 텔레비전을 보며, 친구들과 만나면 드라마나 프로 스포츠 이야기를 하는 등 대중문화는 우리 생활의 일부가 되었다.

대중문화의 순기능과 역기능

대중문화는 우리의 생활 속에 녹아 있지만, 긍정적 기능과 부정적 기능을 동시에 수행한다. 긍정적 기능으로는 우선 과거 소수 특권층이 누리던 문화적 혜택을 다수가 누릴 수 있게 한다는 점이 있다. 또한, 대중문화는 적은 비용으로 다양한 오락과 휴식을 제공함으로써 대중들의 삶을 풍요롭게 한다. 그리고 대중들에게 새로운 지식, 정보, 가치, 문화 등을 전달함으로써 기존의 문화를 **혁신**하거나 새로운 여가 문화나 놀이 문화가 확산할 수 있는 기회를 제공한다.

> 혁신(革新)은 낡은 것을 완전히 바꾸어 새롭게 하는 것을 의미한다.

반면, 대중문화는 대중 매체를 통해 대량으로 유통되기 때문에 획일적으로 흐를 수 있다. 그 결과 개인의 독창성과 개성이 쇠퇴하고 문화적 다양성이 약화할 수 있다. 또한, 대중문화는 문화 상품과 결합하여 상업적 성격을 띠기 쉽다. 이로 인해 선정적이거나 쾌락적인 문화가 생산, 유통되어 대중문화의 질이 낮아질 수 있다. 때로는 오락성에 치우쳐 사람들의 현실 도피를 유도하고 정치적 무관심을 조장하기도 한다. 특정 세력이 대중 매체의 소유나 통제를 독점하면 대중문화의 생산과 전파가 정보 왜곡과 **여론 조작**에 이용될 수 있는 위험성도 있다.

> 여론 조작(輿論造作)은 개인이나 집단이 특정 목적이나 이익을 실현하기 위해 실제 사실을 왜곡하거나 허위 사실을 만들어서 여론을 꾸며 내는 것을 의미한다.

대중문화의 (㉢   )

대중문화는 현대인의 생활 속에서 자연스럽게 존재하기 때문에 객관적인 시선으로 바라보기 어려운 측면이 있다. 그러나 대중문화는 엄연히 부정적인 기능도 있으므로 비판적으로 바라볼 필요가 있다.

우선 대중은 문화의 소비자로서 대중 매체가 생산해 내는 대중문화를 무조건 받아들이기보다는 대중문화의 상업성과 획일성을 살피면서 선별적으로 수용해야 한다. 이윤만을 추구하며 저급한 문화 상품을 만들어 내는 대중 매체에 대해서는 적극적으로 감시하고 비판의 목소리를 높이며 때로는 행동하는 시민의 모습을 보여 주어야 한다. 또한, 대중 매체가 전달하는 내용에 대해서도 무조건 수용하는 것이 아니라 정보의 출처를 살피고 같은 사건을 다른 매체는 어떤 시각으로 다루는지 비교해 보는 등 비판적으로 바라보아야 한다.

최근에는 인터넷을 통해 대중이 문화 상품의 생산 과정에 직접 참여하는 일이 많아졌다. 대중의 의견은 시청자 의견이나 댓글을 통해 생산자에게 바로 전달된다. 각종 인터넷 동아리 게시판은 수많은 대중이 **게시**한 내용으로 이루어져 있는데, 이는 곧 대중문화의 한 부분을 형성한다. 따라서 대중은 스스로 대중문화를 만들어 가는 주체라고 생각하고 바람직한 대중문화를 만들기 위해 노력해야 한다.

게시(揭示)는 여러 사람에게 알리기 위하여 내붙이거나 내걸어 두루 보게 하는 것이나 그런 물건을 의미한다.

1) 대중문화의 형성 배경을 다섯 가지로 정리해 보자.

_____

_____

_____

_____

_____

2) 대중문화의 순기능과 역기능을 정리해 보자.

순기능	
역기능	

3) ⓒ에 들어갈 적절한 어구를 작성하여 소제목을 완성해 보자.

_____

4) 윗글의 내용과 같으면 ○, 다르면 × 하시오.
 ① 대중문화는 대중 매체를 통해 형성되고 확산된다. (   )
 ② 대중문화는 질이 낮은 문화를 고급스럽게 만들어 문화적 혜택을 다수가 누릴 수 있게 하는 순기능이 있다.(   )
 ③ 대중문화를 무조건 받아들이기보다는 대중문화의 상업성과 획일성을 살 피면서 선별적으로 수용해야 한다.(   )

5) 다음 글에서 알 수 있는 대중문화의 기능을 〈보기〉에서 골라 바르게 묶은 것은 무엇인가? (   )

> 과거에는 교향곡과 같은 클래식은 귀족과 같은 일부 특권 계층만이 향유할 수 있었다. 하지만 오늘날에는 라디오, 텔레비전, 유튜브, CD, 음원 등을 통해 많은 사람들이 언제든지 클래식을 즐기면서 삶을 풍요롭게 하고 있다.

〈보기〉	ⓐ 문화적 혜택을 다수가 누릴 수 있게 한다. ⓑ 대중 매체를 통한 대량 유통으로 인해, 개인의 독창성과 개성이 쇠퇴하고 문화적 다양성이 약화할 수 있다. ⓒ 적은 비용으로 다양한 오락과 휴식을 제공하여 삶을 풍요롭게 한다. ⓓ 상업적 성격으로 인해, 문화의 질이 낮아질 수 있다.

① ⓐ, ⓑ   ② ⓐ, ⓒ   ③ ⓑ, ⓒ   ④ ⓑ, ⓓ

생각 나누기

윗글의 ㉠과 ㉡처럼, 대중 매체는 책, 신문, 라디오, TV 등의 일방향 소통 매체에서 인터넷, 스마트폰, 유튜브 등과 같은 쌍방향 소통의 매체로 변화해 왔다. 이 과정에서 대중의 역할이 어떻게 변화했는지 구체적인 사례를 들어 이야기해 보자.

_____

_____

_____

_____

◆ 이 과에서는 대중문화는 부정적 기능도 있으므로 비판적으로 바라볼 필요가 있다는 것을 공부했다. 우리가 쉽게 접할 수 있는 신문 기사, 광고, 텔레비전 드라마, 예능 프로그램, 게임, 영화, 웹툰, 웹소설 등의 대중 매체를 비판적으로 분석하여 비평해 보자.

• 글의 주제 •

1. 글의 주제

읽기에서 가장 중요한 것은 글의 주제(主)를 찾는 것이다. 글의 주제란, 글에 나타나는 필자의 중심 생각을 말한다. 필자의 중심 생각은 보통 글의 핵심 문장들을 통해 나타나지만 명확히 드러나지 않는 경우도 있다.

2. 주장하는 글의 주제

1) 주장과 근거

주장하는 글에서 필자는 자신의 주장에 대해 타당한 근거를 제시한다. 독자는 필자가 어떤 근거를 통해 주장을 펼치는지 파악해야 한다. 주장과 근거를 정확하게 파악하면 주장하는 글을 이해하는 것이 용이해진다.

2) 주장과 주제

주장하는 글의 주제는 필자의 주장에 들어 있다. 따라서 주장하는 글에서 주제를 파악하기 위해서는 먼저 필자가 주장한 것을 알아야 한다. 주장이 여러 개라면 그것들 가운데 핵심적인 주장이 주제가 된다.

3. 설명하는 글의 주제

1) 설명 대상

설명하는 글에서는 각각의 문장이 설명하는 것을 이해하는 것도 필요하지만 무엇에 대해 설명하고 있는지를 파악하는 것이 더 중요하다. 설명하는 글에서 설명 대상은 단락에서 반복되는 어휘일 경우가 많다.

2) 설명과 주제

각 단락에는 한 개의 중심 문장이 있다. 중심 문장은 단락에서 필자가 말하고자 하는 바이다. 설명하는 글의 주제를 파악하기 위해서는 먼저 단락의 중심 문장을 파악해야 한다. 주제는 각 단락의 중심 문장 중 모두를 포괄할 수 있어야 한다.

※ 다음의 글을 읽고 생각해 봅시다.

출처: Pixabay

(가) 사실 경제학자들 사이에서도 누구를 중산층으로 분류할 수 있느냐에 대해 의견 통일이 이루어지지 못한 상태다. 중산층을 정의하는 방법에는 크

게 보아 두 가지가 있다. 하나는 상대적인 맥락을 중시해 한 사회의 여러 소득 계층 중 중간에 속한 계층을 중산층으로 분류하는 접근 방법이다. 다른 하나는 절대적으로 어떤 소득의 범위를 정해 그 범위에 드는 사람을 중산층으로 보는 접근 방법이다.

(나) 첫 번째 접근 방법의 구체적인 예로 다음과 같은 것을 들 수 있다. 우선 한 사회의 중위 소득을 구하고 그것의 75%에서 125%에 이르는 범위 안의 소득을 얻는 사람을 중산층으로 보는 방법이 있다. 예를 들어 어떤 나라의 연간 중위 소득이 1만 달러라면, 연간 소득이 7천 5백 달러에서 1만 2천 5백 달러 사이인 사람이 중산층으로 분류되는 것이다.

(다) 또한 소득 계층 최상위 20%를 부유층으로 보고, 최하위 20%를 빈곤층으로 본 다음, 그 중간에 있는 60%의 사람들을 중산층으로 보는 방법도 있다. 이처럼 상대적 접근 방법으로 중산층을 정의하면 중산층에 속하는 사람들의 소득 범위가 나라마다 다르게 된다. 예를 들어 방글라데시의 중산층에 속하는 사람의 소득으로는 미국에서 결코 중산층이 될 수 없는 일이 벌어질 수 있다.

(라) 두 번째 접근 방법은 절대적인 관점에서 중산층의 소득 하한선과 상한선을 구하는 것이 그 핵심이다. 어떤 경제학자는 하루 소득 12달러와 50달러를 각각 그 답으로 찾았다. 12달러는 브라질 국민의 평균 소득인 한편, 50달러는 이탈리아 국민의 평균 소득이다. 어느 나라에서든 소득이 이 범위 안에 드는 사람을 대략 중산층으로 볼 수 있다는 것이다.

(마) 이와 같은 중산층의 정의에 따르면 중국이나 인도에는 중산층이 거의 없다는 결론이 나온다. 인구 대부분의 하루 소득이 12달러에 이르지 못하기 때문이다. 사실 개발 도상국의 빈곤층은 하루 소득 2달러 미만의 사람들로 정의되는 것이 보통이다. 하루 소득이 최소한 12달러가 되어야 중산층으로 볼 수 있다는 것은 비현실적인 판단일 수 있다.

(바) 지금까지 본 여러 가지 중산층의 정의 중 어느 것이 가장 적합할까?

이에 대한 명백한 답을 얻기는 어렵다. 각 방법이 나름대로 장단점을 갖기 때문이다. 중산층에 관한 논의를 하는 목적이 무엇이냐에 따라 적절한 것을 선택해서 쓸 수밖에 없다.

1. (가)~(바) 단락의 중심 문장을 찾아 써 보자.

_____

_____

_____

_____

_____

2. 윗글의 주제를 한 문장으로 정리해 보자.

_____

_____

프랑스의 중산층 기준은 다음과 같다고 한다. 윗글과 프랑스의 중산층 기준을 읽고
자신이 생각하는 중산층의 기준에 대해 이야기해 보자.

프랑스의 중산층 기준

1. 외국어를 하나 정도는 할 수 있어야 한다.
2. 직접 즐기는 스포츠가 있어야 한다.
3. 다룰 줄 아는 악기가 있어야 한다.
4. '공분'*에는 의연히 참여해야 한다.
5. 약자를 돕는 봉사 활동을 꾸준히 해야 한다.

* 공분(公憤): 공적인 일로 대중이 느끼는 분노.

3과

현대 사회와 감시 권력

들어가기

출처: Pixabay

도로 주변, 지하철, 버스, 아파트, 백화점, 학교, 주차장 근처 등에는 거의 대부분 CCTV(closed circuit television, 폐쇄 회로 텔레비전)가 설치되어 있다. 이러한 CCTV에 대해서 지수와 로제는 다음과 같이 이야기하고 있다.

지수: CCTV는 범죄 발생을 예방하고, 범죄가 발생했을 때에는 중요한 증거로 활용될 수 있기 때문에, 우리 사회에서 꼭 필요한 장치인 것 같아. 실제로 CCTV가 설치된 곳에서는 범죄가 줄어든다는 조사도 있어.

로제: 지수야, 네 말도 맞아. 하지만 감시할 필요가 없는 곳에도 CCTV가 설치되어 프라이버시(privacy, 사생활)를 침해할 수도 있어. 그리고 사람들을 잠재적인 범죄자로 취급한다는 점도 문제라고 생각해.

1) CCTV가 어디에 설치되어 있는지 이야기해 보고, 그것의 순기능과 역기능에 대해서도 이야기해 보자.

2) 오늘날 CCTV와 같이, 우리의 행동과 일상을 고스란히 기록하는 장치는 어떤 것이 있을까?

• 읽기 자료 1 •

역전(逆轉)은 형세가 반대로 뒤집어짐을 의미한다.

사면 복권(赦免復權)은 죄를 용서하여 형벌을 면제하고 죄로 인해 상실된 권리나 자격을 회복하게 함을 말한다.

맥락(脈絡, context)은 사물 따위가 서로 이어져 있는 관계나 연관을 의미한다.

(가) '잊혀질 권리'*는 낯선 개념이다. 타인의 기억 속에 있는 정보를 지워 달라고 또 잊어 달라고 요청한다는 사실과 그것이 누군가의 법적 권리가 될 수 있다는 사실 자체가 이해되기 어렵기 때문이다. 하지만 이는 역설적으로 개인과 사회의 기존 기억 시스템이 얼마나 근본적 변화를 겪고 **역전**되었는지를 말해 주기도 한다. 과거에는 시간이 흐르면서 특별한 경우를 제외하고는 대부분의 정보가 망각되거나 접근이 제한되었다. 하지만 인터넷은 삭제를 요청하지 않으면 기본적으로 보존되고 검색되는 구조다. 무혐의나 오보로 드러난 범죄 기사도, **사면 복권**으로 정부 공식 기록에서 삭제된 과거의 일도 인터넷에는 그대로 남아 있다. 모든 정보를 순식간에 찾아 주는 인터넷의 편리함이 함께 가져오는 새로운 유형의 권리 침해다.

(나) 인간의 기억은 오래 지속되지 못하고 성긴 데다 정확하지도 않다. 결함투성이의 인간 기억에 비해 기계 기억은 완벽하다. 하지만 기계의 완벽한 기억은 장점인 동시에 '잊혀질 권리'가 요청되는 핵심 사유다. 사람은 모든 것을 기억하지 않고, 중요한 것과 필요한 것 위주로 기억한다. **맥락**(context)도 함께 기억한다. 중요성과 필요성이라는 것은 맥락을 뜻한다. 나중에 회상이라는 방식으로 기억을 불러올 때도 맥락이 함께 따라오기 마련이다.

(다) 디지털 환경에서 정보를 호출하는 방법은 인터넷 검색이다. 인터넷 검색으로 방대한 정보를 편리하게 이용할 수 있지만 정보는 생성된 맥락과 유리된 채 검색되고 이용되는 것이 일반적이다. 정보가 맥락을 떠나 너무 손쉽게 이용되면서 다양한 부작용이 생겨나는 것을 우리는 수시로 경험한다. 특히 소셜 미디어상의 많은 정보는 간략하고 자극적인 내용으로 압축되어 짧은 시간에 수많은 사람에게 도달하는 경향이 있고 대부분 애초에 그 일이 일어난 상황과 배경 정보를 **결여**한 채 유통된다.

> 결여(缺如)는 마땅히 있어야 할 것이 빠져서 없거나 모자람을 말한다.

(라) 그래서 '잊혀질 권리'는 인간의 통제를 벗어난 만능 기계 기억의 현실에 맞서 개인과 사회의 통제력을 회복하려는 시도로 여겨진다. 맥락과 상황을 고려하지 않은 채 모든 것을 영구적으로 보존·유통시키는 컴퓨터의 기억 시스템에 '인위적 망각'이라는 인간적 요구를 적용하기 시작한 것이다. 세상이 디지털화됐으니 별수 없이 기계 기억의 현실에 우리의 삶을 맞추고 살아야 한다는 기술 중심주의에 맞서 재설계를 통해 기술 구조를 사람에 맞춰야 한다는 인간 중심주의 권리다. 다시 말해 여전히 아날로그적 환경에 익숙한 삶과 사고방식을 유지하는 인간이 기계의 디지털 조건에 무조건 적응해야 하는 것은 아니라는 의미다. 기계 기억은 모든 정보를 망각하거나 희미하게 기억하는 일 없이 언제나 똑같이 완벽한 상태로 보존·호출한다. '잊혀질 권리'는 그런 기계 기억에 대해 사람의 기억처럼 '맥락'과 '상황'을 적용한 것이다.

1) '잊혀질 권리'란 무엇인지 정의해 보자.

_____

_____

2) (나)와 (다) 단락에서 서술한 '인간의 기억'과 '기계의 기억'의 차이점을 두 가지로 정리해 보자.

차이점 1	
차이점 2	

3) 윗글의 내용과 같으면 ○, 다르면 × 하시오.
   ① '잊혀질 권리'는 아날로그 사회에서 기억의 문제를 다루는 법적 개념이다. (   )
   ② 인터넷 검색을 통해 얻어지는 정보는 그것이 생성된 맥락도 보여 준다.
   (   )
   ③ '잊혀질 권리'는 인간의 통제를 벗어난 만능 기계 기억의 현실에 맞서 개인과 사회의 통제력을 회복하려는 시도이다. (   )

4) '잊혀질 권리'는 과거에는 존재하지 않았던 권리이다. 이러한 권리는 왜 필요하게 되었을까? 사례를 들어서 이야기해 보자.

_____

_____

_____

_____

_____

'장발장(Jean Valjean)'은, 빅토르 위고(Victor-Marie Hugo)의 소설 『레 미제라블』(*Les Misérables*)에 나오는 주인공이다. 그는 빵 한 조각을 훔친 죄로 19년 동안 옥살이를 하고 나온 후, 주교(主敎)의 자비심에 감화되어 사랑을 깨닫고 시장이 되어 선정(善政)을 베푼다. 이러한 장발장에 대해 '잊혀질 권리'의 관점에서 '송이'와 '민준'은 다음과 같이 설명을 하였다. 이에 대해서 어떻게 생각하는지 이야기해 보자.

송이	장발장은 전과자 신분을 숨기고 시장이 되었어. 하지만 정보 사회에서는 사람들이 잊거나 지우고 싶은 정보가 인터넷에 남아 있어서 타인이 볼 수 있지. 따라서 자신이 원하지 않는 정보를 삭제할 수 있는 '잊혀질 권리'를 보장해야 해.
민준	장발장이 아무리 시민을 위해 봉사했다 하더라도 그를 시장으로 뽑을 때 사람들이 그의 과거를 알아야만 했다고 봐. 정보 사회에서는 누구나 그러한 정보에 접근할 수 있어야 하지. 사람들이 알아야 할 정보라면 삭제를 금지해야 해.

푸코(Michel Foucault, 1926~1984)는 프랑스 철학자로 철학, 심리학, 정신병리학을 연구하며 사망할 때까지 콜레주 드 프랑스 등 세계 여러 대학에서 강의했다.

기제(機制)는 인간의 행동에 영향을 미치는 심리의 작용이나 원리를 말한다.

추동(推動)은 ①물체에 힘을 가하여 앞으로 나아가게 하거나 흔듦, ②어떤 일을 추진하기 위하여 고무하고 격려함을 의미한다.

벤담(Jeremy Bentham, 1748~1832)은 영국의 철학자·법학자로 인생의 목적은 최대 다수의 최대 행복의 실현에 있다고 하는 공리주의를 주장하였다.

(가) 1975년에 발표되어 전 세계적인 베스트셀러가 된 『감시와 처벌』에서 푸코*는 진리의 메타포로 간주되던 시선을 권력의 **기제**(機制)로 탈바꿈시켰다. ㉠근대 이전의 군주 권력이 만인이 한 사람의 권력자를 우러러보던 시선으로 특징지어졌다면, 근대의 규율 권력은 한 사람의 권력자가 만인을 감시하는 시선으로 특징지어진다는 것이었다. 만인이 한 사람의 권력자를 우러러 보는 사회는 '스펙터클의 사회'이다. 반면에 한 사람이 만인을 주시하는 규율 권력의 사회는 '감시 사회'이다.

(나) 그렇다면 무엇이, 어떻게 이러한 변화를 가능하게 했을까? 푸코는 감옥과 형벌의 역사에서 이 변화에 대한 단서를 찾았는데, 죄수를 벌할 때 신체에 가혹한 형벌을 가하던 전통적인 체벌 형식이 18세기 말부터 19세기 초엽 동안에 죄수를 감옥에 감금하는 징역형으로 바뀐 것에 주목했다. 징역형은 처벌을 덜 하기 위해 고안된 것이 아니었다. 그것은 "더 잘 처벌하고", "더 보편적이고 필연적으로 처벌하기 위해" 고안된 것이었다. 무엇보다도 징역형은 형벌의 기본 원칙이 육체에 대한 고통에서 영혼에 대한 규율로 바뀌었음을 잘 보여 주는 사례였다.

(다) 푸코는 이러한 변화를 상징하고 이를 **추동**(推動)한 것이 다름 아닌 영국의 공리주의 철학자 제레미 벤담*이 1791년에 제안한 원형 감옥 파놉티콘이라

고 보았다. 파놉티콘은 당시 망원경과 비슷한 광학 기구를 지칭하는 용어로 가끔 사용되었는데, 벤담은 그리스어로 '다 본다'(Pan : all+Opticon : seeing 또는 vision)라는 의미를 가진 이것을 자신이 설계한 감옥을 지칭하는 용어로 새롭게 사용했다.

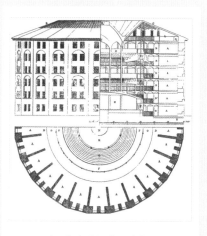
〈그림 1〉 파놉티콘 설계도

〈그림 1〉은 벤담의 파놉티콘 설계도이다. A가 죄수의 방이고, F가 간수의 감시 공간이다.

(라) 벤담의 설계에 따르면, 원형 감옥 파놉티콘의 바깥쪽에는 죄수를 가두는 방이 있고 중앙에 죄수를 감시하기 위한 원형 공간이 있었다. 죄수의 방에는 햇빛을 들이기 위해 밖으로 난 창 외에도 건물 내부를 향한 또 다른 창이 있어, 죄수의 **일거수일투족**이 중앙의 감시탑에 있는 간수에게 항상 포착될 수 있었다. 저녁에는 죄수의 방에 불을 밝힘으로써 방을 밝게 유지했다. 반면, 죄수는 중앙 감시탑의 내부가 항상 어두워 간수를 볼 수 있기는커녕 간수가 자신을 감시하고 있다는 사실조차 알 수

일거수일투족(一擧手一投足)은 손 한 번 들고 발 한 번 옮긴다는 뜻으로, 크고 작은 동작 하나하나를 이르는 말이다.

없었다. 죄수는 간수를 볼 수 없는 채 항상 보여지기만 하고, 간수는 보여지지 않은 채 항상 모든 죄수를 감시할 수 있었다.(〈그림 1〉 참조) ⓛ이 시선의 '비대칭성(非對稱性)'이 파놉티콘의 핵심 구조였다. 벤담 자신이 강조했듯이 파놉티콘은 "죄수들이 단지 감시받고 있다고 생각"하게 만드는 "감시의 환영(幻影)"을 창조한 극장이었다.

(마) 파놉티콘에 수용된 죄수는 보이지 않는 곳에서 항상 자신을 감시하고 있을 간수의 시선 때문에 규율에서 벗어나는 행동을 못 하다가 점차 이 규율 권력을 '내면화'하여 스스로 자신을 감시하게 된다는 것이었다. "감시는 보편적이었고, 영구했으며, 포괄적이었고", 이러한 의미에서 파놉티콘은 감

체화(體化)는 생각, 사상, 이론 따위가 몸에 배어서 자기 것이 됨을 말한다.

시의 원리를 **체화**(體化)한 "자동 기계"이다. 자동 기계에는 파놉티콘의 컴컴한 감시 공간에서 누구도 간수의 역할을 수행할 수 있다는 의미가 함축되어 있었다. "건축물과 기하학적 구조를 제외하고는 다른 물리적 도구 없이, 파놉티콘은 직접적으로 개개인에 작동하며, 이는 곧 정신에 의한 정신에 대한 권력 행사인 것이다."

훈령(訓令)은 상급 관청에서 하급 관청을 지휘·감독하기 위하여 명령을 내리는 것, 또는 그 명령을 의미한다.

(바) 푸코는 이 점에 주목했다. "누가 권력을 행사하는가는 중요하지 않다. 아무렇게나 선택된 누구라도 이 기계를 작동시킬 수 있다." 그렇기 때문에 파놉티콘은 감옥에만 국한되지 않았다. 그것의 적용 가능성은 거의 무한했다. 벤담은 그의 책 『파놉티콘』 서문에서, 파놉티콘을 통하여 "도덕이 개혁되고, 건강이 보존되며, 산업이 활성화되고, **훈령**(訓令)이 확산되며, 대중의 부담이 덜어지고, 경제가 **반석**(盤石)에 오른다"라고 그 응용 가능성을 강조했으며, 파놉티콘의 원리를 이용해서 2천 명의 극빈자를 수용하는 **구빈원**(救貧院, poor-house) 250채를 지어야 한다고 제안하기도 했다. 파놉티콘은 죄수를 **교화**하기 위해 설계되었지만, 동시에 환자를 치료하는 데에도, 학생을 교육하는 기관에도, 노동자를 감독하는 데에도, 미친 사람을 가두는 데에도, 그리고 거지와 게으름뱅이를 일하도록 시키는 곳에도 적용될 수 있었다. 푸코가 "감옥이 공장이나 학교, 군대나 병원과 흡사하고, 이러한 모든 기관이 다시 감옥과 닮았다고 해서 무엇이 놀랍겠는가?"라고 물었을 때, 그는 바로 세상의 파놉티콘화를 염두에 두고 있었다.

반석(盤石)은 사물, 사상, 기틀 따위가 아주 견고함을 비유적으로 이르는 말이다.

구빈원(救貧院, poor-house)은 생활능력이 없거나 가난한 사람들을 수용하여 구호하는 공적·사적인 시설을 의미한다.

교화(教化)는 가르치고 이끌어서 좋은 방향으로 나아가게 함을 이른다.

1) 윗글에서 설명하고 있는 '파놉티콘'의 의미를 다음과 같이 정리해 보자.

	파놉티콘(panopticon)
누가 주장했는가	
용어의 의미는 무엇인가	
누가 감시를 하는가	
누가 감시를 받는가	
특징 및 기능은 무엇인가	

2) ㉠의 주된 서술 방식을 파악해 보자.

_____

_____

3) (가) 단락을 참고하여 근대 이전의 '군주 권력'과 근대의 '규율 권력'은 어떻게 구별되는지 정리해 보자.

군주 권력	
규율 권력	

4) 윗글의 내용과 같으면 ○, 다르면 X 하시오.
   ① 푸코에 따르면, 근대의 공장, 학교, 군대, 병원 등은 감옥과 다를 바 없는 곳이다. (   )
   ② 근대의 규율 권력은 만인이 한 사람을 감시하는 특징이 있다. (   )
   ③ 육체에 대한 고통에서 영혼에 대한 규율로 형벌의 방식이 변화해 왔다.
      (   )
   ④ 푸코는 파놉티콘의 원리를 인식하고 극빈자를 수용하는 구빈원을 만들자고 제안하였다.(   )

5) ㉡에서 알 수 있듯이, 파놉티콘의 핵심 구조는 '시선의 비대칭성'에 있다. 이 '시선의 비대칭성'은 구체적으로 무엇을 의미하는지, 일상에서의 사례를 찾아서 설명해 보자.

_____

_____

_____

_____

_____

_____

_____

_____

_____

_____

_____

생각 나누기

푸코가 말하는 파놉티콘 및 감시 사회의 논의를 오늘날의 현대 사회에 적용시켜 보면, 우리는 CCTV, 인터넷, 신용카드 등에 의한 '정보 파놉티콘 사회' 혹은 '정보 감시 사회'에 살고 있을지도 모른다. 이러한 푸코의 논의에 동의하거나 반대하는 이유를 정리해 보자.

나는 푸코의 논의에 동의한다	나는 푸코의 논의에 반대한다

◆ 오늘날 우리가 살고 있는 정보화 사회에서는 푸코가 말한 '시선의 비대칭성'의 문제가 심각하다고 할 수 있다. 권력자는 시민(국민, 대중)의 정보에 손쉽게 접근할 수 있지만, 시민(국민, 대중)은 권력자의 정보에 접근하기 쉽지 않다. 즉 어떻게 보면 우리는 '정보 파놉티콘'에서 살고 있는지도 모른다. 이것이 잘못되었다고 생각한다면, 우리는 '시선의 비대칭성' 문제를 바로잡아야 할 것이다. 이를 위해서는 다음의 두 가지 방향을 생각해 볼 수 있다. 각각의 구체적인 방안은 어떤 것이 있을지, 토의해 보자.

> • 권력자가 시민(국민, 대중)의 정보에 접근하는 것을 제한하도록 하는 방법
> • 시민(국민, 대중)이 권력자를 감시할 수 있는 방법

• 필자의 태도 •

1. 필자의 태도

> 필자의 태도란 필자가 글의 소재에 대해 취하는 입장을 뜻한다. 필자의 태도를 파악하기 위해서는 먼저 필자가 소재에 대해 객관적인 입장인지 주관적인 입장인지를 알아야 한다. 객관적인 입장은 관찰과 연결이 되고 주관적인 입장은 생각과 연결이 된다.

2. 필자의 태도와 글의 주제

> 글의 소재에 대해 취하는 입장을 필자의 태도라고 할 때, 필자의 태도를 알면 글의 주제를 파악하는 데 도움이 된다. 또 필자의 태도를 정확하게 파악하는 일은 글의 목적이 무엇인지 아는 것과도 연결이 된다.

3. 주장하는 글에서 필자의 태도

> 논문, 논설문 등 주장하는 글에서 필자의 태도는 주관적이다. 주장하는 글은 설득을 목적으로 하기 때문이다. 주관적인 태도는 크게 두 개로 나뉜다. 하나는 대상에 대해 긍정적인 것이고, 다른 하나는 대상에 대해 부정적인 것이다. 따라서 주장하는 글에서는 필자의 태도가 긍정적인지 부정적인지 파악하는 것이 중요하다.

4. 설명하는 글에서 필자의 태도

설명문, 안내문 등 설명하는 글에서 필자의 태도는 객관적이다. 설명하는 글은 이해를 목적으로 하기 때문이다. 따라서 설명하는 글에서는 필자의 태도를 아는 것도 중요하지만 대상을 어떻게 설명하고 있는지에 주목해야 한다. 대상을 설명하는 방식을 서술 방식이라고 할 때 서술 방식에 대한 파악이 필요하다는 것이다.

※ 다음의 글은 예술의 기원을 유희, 노동, 주술 등에 찾고 있다. 글을 읽고 생각해 보자.

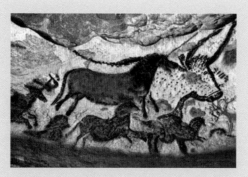

알타미라 동굴 벽화

(가) '유희 기원설'이라 할 수 있는 이 가설에 따르면, 벽화나 집단무(集團舞) 같은 원시 예술은 '남아도는 에너지의 방출 통로'다. 말하자면 근질거리는 몸을 풀기 위한 한가한 소일거리라는 얘기다. 이 고상한 소일거리는 사실 동물의 세계에서 물려받은 거라고 한다. 실제로 몇몇 동물은 영양 과잉을 해소하기 위해 놀이를 하는데, 원시 예술은 결국 여기서 나왔다는 거다. 하지만 이 가설엔 커다란 문제가 있다. 과연 구석기인의 생활이 남아도는 에너지를 발산하지 못해 안달할 정도로 편안했을까? 자연의 횡포 앞에 알몸으로 내던져진 이들의 삶이?

(나) 이렇게 보면 예술이 유희가 아니라 노동에서 비롯된 게 틀림없는 것 같다. 가령 원시인들의 수렵무는 배가 불러 에너지가 남아돌 때가 아니라, 오히려 짐승을 잡지 못해 오랫동안 굶주렸을 때 추는 거라고 한다. 말하자면 힘이 남아돌아서가 아니라 살아남아야 한다는 절박한 필요에서 춤을 추었단 얘기다. 하지만 이 설명도 아직 충분한 것 같지는 않다.

(다) 놀랍게도 주술이 실제로 효험이 있었기 때문이다. 어떻게? 들소를 그리면, 정말 들소가 동굴 속으로 어슬렁어슬렁 기어들어 온단 말인가? 수렵무를 추면 들판에서 풀을 뜯던 멀쩡하던 들소들이 그냥 자빠진단 말인가? 그럴 리는 없다. 그럼 어떻게? 우리가 아는 한 당시엔 문자도 없었고 책도 없었고, 물론 동물학이란 학문도 없었다. 그 시대에 동굴 벽화는 원시인들이 경험에서 얻은 동물에 관한 모든 지식을 담는 유일한 수단이었다. 구석기 벽화가 그토록 뛰어난 사실성을 보여 주는 건 아마도 동물을 쫓는 예리한 '사냥꾼의 눈'으로 관찰한 결과이기 때문이리라.

1. (가) 단락의 중심 문장을 찾고 거기에 대한 필자의 태도를 알아보자.

• 중심 문장: _____

_____

• 필자의 태도: _____

_____

2. (나) 단락의 중심 문장을 찾고 거기에 대한 필자의 태도를 알아보자.

• 중심 문장: _____

_____

• 필자의 태도: _____

_____

3. (다) 단락의 중심 문장을 찾고 거기에 대한 필자의 태도를 알아보자.

• 중심 문장:
_____

_____

• 필자의 태도:
_____

_____

4. 글의 주제를 한 문장으로 정리해 보자.

_____

_____

생각 나누기

윗글을 읽고 자신이 생각하는 예술의 기원에 대해 이야기해 보자.

_____

_____

_____

_____

_____

_____

_____

_____

_____

IV

경영·경제 영역

경제학의 원리와 분야

들어가기

　오늘 저녁에 세 시간의 여유 시간이 있다고 가정해 보자. 그러면 여러분은 그 세 시간을 어떻게 사용할 것인가? 먼저 친구와 함께 맛있는 저녁을 먹으면서 얘기를 할 수도 있다. 또 요즘 인기 있는 영화를 볼 수도 있다. 또 친구와 함께 옷, 화장품 등을 쇼핑하는 데 쓸 수도 있을 것이다. 혹은 내일 수업의 과제를 하는 데 쓸 수도 있을 것이다. 자, 여러분은 세 시간의 여유 시간을 어떻게 보내고 싶은가?

---

1) 여유 시간을 어떻게 보내고 싶은가? 그렇게 선택을 한 이유는 무엇인가?

2) 어떤 일을 하기 위해 여유 시간을 쓰면 다른 일을 할 수 없게 된다. 왜 어떤 일을 하면 다른 일을 하는 것을 포기해야 하는가?

(가) '경제'를 의미하는 'economy'라는 단어는 원래 '집안 살림하는 사람'이라는 의미의 'oikonomos'라는 그리스어에서 유래했다고 한다. 얼핏 이러한 어원이 약간 이상하다고 느껴질 수도 있다. 그러나 가정 살림살이와 경제에는 공통점이 많다.

(나) 어느 가정이든지 많은 결정을 내려야 한다. 누가 저녁을 차려야 할지, 누가 빨래를 해야 할지, 저녁 식탁에서 누가 맛있는 디저트를 더 먹을지, 누가 차를 운전해야 할지 등 식구 중 누가 어떤 일을 해야 하고 또 그 대가로 무엇을 받아야 하는지 결정해야 한다. 즉 한 가계는 각 식구의 능력과 노력, 희망에 따라 제한된 자원(시간, 디저트, 승용차 주행 거리)을 식구들에게 나눠주어야 하는 것이다.

(다) 이와 마찬가지로 사회도 많은 결정을 내려야 한다. 어느 사회든지, 어떤 일을 해야 하고 그 일을 누가 해야 하는지, 결정해야 한다. 누군가는 식량을 생산해야 하고, 누군가는 옷을 만들어야 하며, 또 누군가는 컴퓨터 소프트웨어를 만들어야 한다. 마찬가지로 한 사회가 사람들(토지, 건물, 가계와 같은 생산 요소도 동일하다)을 여러 가지 일에 종사하도록 한 뒤에는 생산된 재화와 서비스를 배분해야 한다. 즉 누가 **캐비아**를 먹고 누가 **감자**를 먹어야 할지, 또 누가 고급 스포츠카를 운전하고 누가 시내버스를 타야 할지 결정해야 하는 것이다.

> 캐비아는 철갑상어의 알인데, 여기에서는 비싸고 맛있는 음식을 가리킨다. 반면 감자는 싸고 거친 음식에 대한 비유이다.

(라) 이와 같이 한 사회가 가지고 있는 자원을 관리하는 건 중요한 일이다. 왜냐하면 자원은 희소하기 때문이다. 희소성(scarcity)이란 사람들이 가지고 싶은 만큼 다 가질 수 없다는 사실을 의미한다. 어느 가정에서든지 모든 식

구가 원하는 것을 다 할 수 없는 것처럼, 한 사회도 그 구성원들이 원하는 최고의 생활 수준을 누구에게나 보장해 줄 수 없다.

(마) 경제학(economics)이란 사회가 희소 자원을 어떻게 관리하는지 연구하는 학문이다. 대부분의 사회에서는 자원이 강력한 독재자 한 사람에 의해 배분되는 것이 아니라 무수한 가계와 기업 간의 행위에 따라 배분된다. 따라서 경제학은 사람들이 어떻게 결정을 내리는지에 대해 연구하는 학문이라고 할 수 있다. 즉 얼마나 일하고 무엇을 구입하며, 얼마나 저축하고 그 저축을 어떻게 투자하는지 등과 같은 사람들의 의사 결정 과정을 연구하는 학문이다.

기본 원리 1 : 모든 선택에는 대가가 있다

(바) 여러분은 '세상에 공짜 점심은 없다'는 속담을 들어 본 적이 있을 것이다. 여기에는 많은 진리가 담겨 있다. 우리가 무엇을 얻고자 하면, 대개 그 대가로 무엇인가 포기해야 한다는 것이다. 의사 결정도 마찬가지로 하나의 목표를 달성하기 위해서는 다른 어떤 목표를 포기해야 한다.

(사) 어느 학생이 자기의 가장 중요한 자원인 시간을 어떻게 배분할지 궁리하고 있다고 하자. 그 학생은 자신의 모든 시간을 경제학을 공부하는 데 쓸 수도 있고, 심리학을 공부하는 데 쓸 수도 있다. 혹은 시간을 두 과목에 쪼개 쓸 수도 있을 것이다. 분명한 것은 한 과목을 공부하기 위해 사용하는 시간은 다른 과목을 공부하는 데 사용하거나, 낮잠을 자거나 자전거를 타거나 TV를 보거나, 용돈을 벌기 위해 아르바이트를 할 수도 있는 시간이라는 사실이다.*

이어지는 경제학의 기본 원리 2에서는 기회비용(opportunity cost)에 대해 다룬다. 기회비용은 어떤 선택을 위해 포기한 모든 것을 의미한다.

1) 윗글에서 살림, 경제, 희소성의 사전적 의미를 찾아 정리해 보자.

• 살림:

_____

_____

• 경제:

_____

_____

• 희소성:

_____

_____

2) 윗글을 읽고 '경제학'의 정의가 나타난 부분을 찾아서 정리해 보자.

_____

_____

3) (가)~(다) 단락의 중심 문장을 각각 찾아보자. 그리고 (가)~(다) 단락 전체
   에서 중심 문장이 무엇인지 써 보자.

중심 문장	(가):
	(나):
	(다):
중심 문장	

4) 아래 〈보기〉는 윗글의 어떤 주장에 대한 예인지 생각해 보자.

〈보기〉

어느 부모가 가계 수입을 어떻게 써야 할지 생각하고 있다고 하자. 음식
이나 옷을 살 수도 있고, 가족 여행을 떠날 수도 있다. 혹은 수입의 일부를

은퇴한 뒤에 사용하거나 자녀들 학비에 충당하기 위해 저축할 수도 있을 것이다. 따라서 이 중 어느 한 곳에 돈을 더 쓴다면, 그만큼 다른 용도에 쓸 돈은 줄어든다.

5) 윗글을 읽고 주제를 한 문장으로 정리해 보자.

생각 나누기

윗글은 『맨큐의 경제학』의 일부로 경제학의 기본 원리 1을 다루고 있다. 『맨큐의 경제학』에서 다루고 있는 경제학의 다른 기본 원리에 대해서도 알아보자.

• 읽기 자료 2 •

우리가 경제 구조를 살필 때 놓치지 않아야 할 주안점의 하나가 '마이크로 경제'와 '매크로 경제'입니다.

'마이크로'는 원래 '극소'라는 의미이나, 여기서는 경제를 '미시적(微視的)'인 관점에서 바라본다는 뜻입니다. 이는 나라 전체의 경기나 물가의 오르내림 등과 같은 큰 시각으로 경제를 보는 것이 아니라 가정의 소비자나 현장의 생산자들, 개별 기업의 활동에까지 파고들어 가서 경제를 미세하게 바라보는 사고방식입니다.

"나 한 사람이 무엇을 바라고 있건 그것은 세상의 움직임에 아무런 영향을 미치지 않는다."라고 생각할지도 모릅니다. 그러나 사회 전체의 수요와 공급을 분석해 보면, 소비자의 활동이 대단히 큰 의미를 갖고 있음을 알 수 있습니다.

어떤 기업일지라도 신제품을 출하하거나 새로운 사업을 시작할 때는 소비자나 사용자를 상대로 대대적인 마케팅 조사를 하고, 그 결과에 기초하여 가격이나 생산량을 결정합니다. 또한 이미 판매된 상품에 대해서도 가격·만족도 등에 대한 소비자의 판단을 기준으로 어느 상품이 얼마만큼 팔렸는가를 조사합니다.

이와 같이 마이크로 경제는 가정과 기업을 분석 대상으로 합니다. 지나치게 자기 자신의 주변에서 일어나는 일이라서 실감이 나지 않을지도 모릅니다. 그러나 모든 기업은 "수용자의 수요(needs)를 파악하고 이에 어떻게 부응할 것인가?"를 놓고 항상 머리를 싸매고 있습니다. 이는 결국 경기에 직접 영향을 주는 것이 가정임을 의미합니다.

'마이크로 경제'에 대칭되는 것이 '매크로 경제'입니다. '매크로 경제'는 국가 경제를 국민 소득, 물가 상승률, 투자, **저축 생산고, 국제 수지** 등과 같은 나라 전체의 관점

마이크로 경제, 매크로 경제는 흔히 미시 경제, 거시 경제로 불리기도 한다.

저축 생산고는 일정한 기간 동안의 저축액을 가리킨다. 국제 수지 역시 일정한 기간 동안의 수출량과 수입량을 뜻한다.

에서 분석합니다. 즉, '가정·기업·국가'라는 세 경제 주체가 상호 관련되어 있는 집단적이고 총체적인 경제 행위를 분석 대상으로 합니다. 이들의 데이터를 경제 지표라는 필터를 통하여 봄으로써 국가 경제의 흐름 및 움직임을 파악할 수 있습니다.

'마이크로 경제'가 소비자의 생활과 직접적으로 맞닿아 있는 것이라면, '매크로 경제'는 국가의 재정 정책이나 금융 정책을 시행할 때 중요한 판단 기준이 됩니다. 이렇게 해서 결정된 정책은 국민에게 영향을 미치게 됩니다.

1936년에 케인스가 발표한 '매크로 경제학'은 국가가 경제 활동에 관여하는 것을 전제로 자본주의의 기본인 '자유 경제'에 제한을 가하는 것입니다. 바로 이 점이 제1차 세계대전이 끝난 뒤 공황에 허덕이던 선진 국가들이 경제에 대한 국가의 관여를 일정한 범위 안에서 인정하였던 이른바 '수정 자본주의'로 불리는 것의 핵심적 내용을 이룹니다.

매크로 경제학은 고용 문제를 매우 중시합니다. 매크로 경제학은 '일하고 싶은 사람이 일할 수 있는 체제'의 실현에서 출발합니다. 정부는 재정 정책이나 금융 정책을 시행함으로써 '가정'이나 '기업'을 포함한 경제 주체를 이끌어가는 역할을 맡게 됩니다.

이러한 의미에서 매크로 경제학은 '자유경제에 있어 민주주의 사회의 이정표'라고 하겠습니다.

더 알아 가기

- 아담 스미스(Adam Smith): 스코틀랜드의 경제학자이다. 『국부론』(An Inquiry into the Nature and Causes of the Wealth of Nations)에서 자본주의와 자유 무역의 이론적 바탕을 제시해, '경제학의 아버지'로 불린다.
- 존 메이너드 케인스(John Maynard Keynes): 영국의 경제학자이다. '케인스 경제학'은 20세기 경제학에 큰 영향을 미쳤다. 그의 이론은 재정 정책을 통해 경제의 침체를 해결하는 것을 핵심으로 한다.

1) 윗글에서 물가, 국제 수지, 공황의 사전적 의미를 찾아 정리해 보자.

• 물가: _____

_____

_____

• 국제 수지: _____

_____

_____

• 공황: _____

_____

_____

2) 윗글에서 '마이크로 경제'와 '매크로 경제'의 정의가 나타난 부분을 각각 찾
아 써 보자.

• 마이크로 경제: _____

_____

_____

• 매크로 경제: _____

_____

_____

3) 윗글은 '마이크로 경제'와 '매크로 경제'의 특징에 대해 설명하고 있다. 윗글
에서 사용된 주된 서술 방식은 무엇인가?

_____

_____

4) 윗글을 읽고 아래의 표를 완성해 보자.

	마이크로 경제	매크로 경제
명칭	미시 경제	
분석 대상		국가 혹은 가정, 기업, 국가의 관계
관심	수요자의 수요	

5) 윗글에는 필자의 주장을 뒷받침하기 위해 필자 자신의 의견과 반대되는 의견을 제시하고 있는 부분이 두 군데 있다. 그 부분을 찾아 써 보자.

- _____

_____

_____

_____

- _____

_____

_____

'마이크로 경제'와 '매크로 경제'가 각각 어떤 경우를 살펴보는 데 필요한지 예를 들어서 생각해 보자. 왜 그런지도 이야기해 보자.

> (예) 환율, A 가게와 B 가게의 가격 차이, 총수출액과 총수입액, C 화장품에 대한 만족도 등.

◆ 이 과에서는 경제학이 희소 자원을 어떻게 관리하는지 연구하는 학문임을 공부했다. 대부분의 사회에서 자원의 분배는 수많은 가계, 기업 등에 의해 이루어진다고 했다. 아래의 글을 읽고 마이크로 경제, 매크로 경제의 역할에 대해 다시 한 번 생각해 보자.

펌프가 말라 있을 때는 손잡이를 아무리 움직여 봐도 전혀 소용이 없다. 이때는 물을 한 바가지 퍼 넣어 피스톤 밸브에 공기가 통하지 않게 만들어 주어야 비로소 물이 나오게 된다. 경제가 불황에 빠져 있을 때 정부 지출을 늘리는 것은 마른 펌프에 물 한 바가지를 퍼 넣는 것이나 마찬가지 효과를 낸다는 것이 케인스(J. M. Keynes)의 설명이다. 한 바가지의 물이 몇 통의 물로 불어나듯, 정부지출의 증가는 몇 배나 더 큰 국민 소득의 증가로 이어진다는 것이다.

케인스는 경기 침체가 정말로 심각한 상황이라면 정부가 일부러 사업을 만들어서라도 지출을 늘리는 것이 바람직하다는 입장을 취했다. 그리 급하지 않은 사업에 돈을 퍼붓는 것은 낭비일 수 있다. 그러나 그의 시각에서 보면 경기 침체로 인해 아까운 생산 자원이 놀려 둔 상태에 빠지는 것은 더 큰 낭비가 된다. 그렇기 때문에 재정 적자를 감수하면서까지 지출을 늘릴 필요가 있다고 주장한 것이다.

• 글의 목적 •

1. 글의 목적

글의 목적이란 필자가 글을 쓴 궁극적인 이유를 말한다. 글의 목적은 대개 주제와 연결이 된다. 하지만 글의 목적이 주제보다 더 상위 범주일 경우도 있다. 예를 들어 '흡연이 몸에 해롭다'는 주제를 다룬 경우 그 글의 목적은 '흡연을 하지 말자'는 것이라고 할 수 있다.

2. 주장하는 글의 목적

1) 주장과 근거

필자는 독자를 설득하기 위해 자신의 주장을 뒷받침할 수 있는 근거를 제시한다. 주장하는 글의 목적은 주장과 근거 가운데 주장과 관련되는 경우가 많다. 따라서 주장하는 글을 읽을 때는 필자의 주장이 무엇인지, 그 주장은 올바른지를 파악해야 한다.

2) 주장하는 글의 궁극적인 목적

주장하는 글을 읽을 때는 필자의 주장을 아는 것도 중요하지만 글의 궁극적인 목적을 파악하는 일이 필요하다. 독자에게 어떤 생각이나 행동의 변화를 요구하기 위해 쓴 글인지를 알아야 한다.

2. 설명하는 글의 목적

1) 설명 대상과 서술 방식

> 설명하는 글에서 필자는 독자에게 어떤 대상을 이해시키기 위해 다양한 서술 방식을 사용한다. 따라서 설명하는 글에서는 어떠한 서술 방식을 사용하고 있는가, 또 그것이 설명에 효과적인지 파악해야 한다.

2) 설명하는 글의 궁극적인 목적

> 설명문, 안내문 등을 읽을 때는 설명 방식을 아는 것도 중요하지만 글의 궁극적인 목적을 파악하는 일이 필요하다. 필자가 왜 그런 설명을 하는지 생각해 보는 것이 더욱 중요하다는 것이다. 글의 목적을 알아야 그 내용에 정확하게 접근할 수 있다.

※ 다음의 글을 읽고 생각해 보자.

> 교사/여교사, 기자/여기자, 의사/여의사, 배우/여배우, 간첩/여간첩과 같이 여성을 지칭하기 위해 '여' 자를 사용하기도 하고 이제 촌스러운 느낌을 준다고 기피하는 여류라는 말도 한동안 작가, 화가, 시인, 비행사, 바둑 기사 등의 예술 직업이나 전문 직업에 사용했다. 여류라는 말은 남성의 영역에 도전한 여성에 대한 호기심을 포함하고 있었다. 요즘은 여성이라는 말을 많이 사용한다. 여성 작가, 여성 장관, 여성 기업인, 여성 정치인. 특히 새로 등장한 직종에는 어김없이 여성이라는 말을 붙인다. 여성 애널리스트, 여성 외환 딜러, 여성 CEO, 여성 컨설턴트 등.
> 특정한 말에 자신이 포함되는지 그렇지 않은지 신경 쓰는 쪽은 약자다. 자신이 인간, 시민, 국민, 유권자에 포함되는지 확신할 수 없는 사람들은 여

성, 흑인, 외국인 노동자와 같은 소수 집단이다. 소수 집단을 포함하고 배제하기 위해 별도의 법이나 규칙을 만들 필요가 없다. 기존의 규칙이 이미 애매모호한 언어로 이루어져 있고, 이 언어를 의도와 상황에 따라 다르게 해석하는 것으로도 충분하다. 언어 '덕분'에 여성은 언제나 주변에 머문다.

1. 윗글의 주제를 찾아 써 보자.

_____

_____

_____

2. 윗글의 궁극적인 목적을 파악해 보자.

_____

_____

_____

생각 나누기

윗글을 예로 들어 글의 주제와 글의 목적은 같은지 혹은 다른지 알아보자. 또 글의 주제와 목적의 관계에 대해서도 생각해 보자.

_____

_____

_____

_____

_____

소비자의 욕구와 선택

들어가기

바지를 하나 구매하려고 한다. 같은 회사에서 만든 같은 제품의 바지이다. 그런데 A 바지는 색깔이 조금 마음에 안 들지만 10만원이다. B 바지는 색깔이 마음에 드는데 20만원이다. 여러분은 A 바지와 B 바지 가운데 어떤 것을 살 것인가? A를 선택했다면 왜 A를 선택했는가? 혹은 B를 선택했다면 왜 B를 선택했는가? 또 여러분이 바지를 파는 사람이라면 A 바지와 B 바지 가운데 어느 것을 팔겠는가?

1) 사람들은 어떤 제품을 구매하는지 알아보자. 소비자란 어떤 사람들인지도 생각해 보자.

2) 여러분이 제품을 파는 사람이라면 어떤 제품을 팔아야 하는지에 대해 이야기해 보자.

이름이나 명칭으로 인해 실체를 이해하는 것이 방해를 받을 수 있다는 생각을 하다 보면, '소비자'라는 명칭에 대해서도 다소의 유감을 갖게 됩니다. '소비자'라는 명칭을 들으면 대개 무엇을 소비하는 사람이라는 의미가 먼저 떠오르게 마련인데, 이런 연상을 하는 것이 소비자의 참 모습과 소비 행동의 본질을 이해하는 데 도움이 되는지 아니면 단지 하나의 단면에 대한 편중된 생각을 갖게 하는지 한번쯤 생각해 볼 필요가 있기 때문입니다. 소비자를 두고 소비하는 사람이라고 부를 때, 우리는 돈을 소비하는 행위를 먼저 생각하게 됩니다. 물론 선물이나 증여를 받는 경우가 아니면 소비자는 시장에서 돈을 사용하고 지불하는 역할을 하고 있다는 것은 틀림없습니다. 그렇지만 소비 행위가 곧 돈을 쓰는 행위라는 생각에 머무르고 만다면 같은 돈을 쓰면서도 우리 상품은 외면하고 경쟁사의 상품을 찾는 소비자를 어떻게 설명할 수 있을까요? 또 돈을 쓸 때 될 수 있으면 효율적으로 예산을 사용하는 것이 타당할 것 같은데 값이 싼 상품보다는 오히려 비싼 가격표가 붙은 상표를 찾는 까닭은 또 어떻게 설명할 수 있을까요?

소비자가 어떻게 돈을 관리하고 사용하는가를 설명하는 것은 ㉠소비자학을 연구하는 학자의 몫이고 소비자들이 어떻게 하면 시장에서 더 효과적으로 돈을 소비하게

> 소비자학은 건전한 소비 문화를 만들기 위해 소비에 대한 이론과 실제를 연구하는 학문이다.

할 수 있는가 하는 것은 ⓛ**경제학자**나 경제 관료들이 궁리하는 문제입니다. ⓒ사업이나 장사를 하는 사람의 입장에서는 소비자가 언제 어떻게 돈을 쓰는지에 대해서 궁금해 하는 것보다는 이왕 물건을 사면서 왜 저 상품이 아니라 이 상품을 구매하는지를 이해하는 것, 즉 소비자의 선택을 이해하는 것이 더 중요합니다. (…중략…)

'소비자'라는 이름에서는 또 한 가지 아쉬움이 있습니다. 무엇을 소비하는 사람이라고 하면 돈 말고도 제품이나 서비스를 소비하는 사람이라는 생각도 함께 떠오르게 됩니다. 생산자는 제품과 서비스를 만드는 사람이고 판매자는 생산자가 만든 제품과 서비스에 대해 소비자가 쉽게 접근할 수 있도록 다리 역할을 하는 사람이라고 할 때, 소비자를 가리켜 그 제품과 서비스를 소비하는 사람이라고 부르는 것은 자연스러운 생각일 수 있습니다. 그리고 소비자를 제품이나 서비스를 소비하는 사람이라고 생각하는 것은 단지 돈을 소비하는 사람으로 생각하는 것보다는 소비자를 이해하는 데 있어 훨씬 도움이 될 것으로 생각합니다. 그렇지만 '소비'라는 단어가 여전히 마뜩하지는 않습니다.

제품을 소비한다고 하면 소비 행동이라는 것이 마치 기업이 제품에 이미 담아 놓은 가치를 조금씩 소진시켜 가는 과정이라고 오해할 수 있기 때문입니다. 소비자가 제품과 서비스를 구매하는 목적은 그 안에 이미 담겨 있는 가치를 소진하기 위해서가 아닙니다. 소비자는 자신의 욕구를 충족하기 위한 수단으로서 제품과 서비스를 구매하는 것이고 제품과 서비스의 사용을 통해 욕구가 충족되어 가는 과정에서 비로소 가치를 인식하게 됩니다. 우리가 식사를 할 때도 그릇에 담겨 있는 음식을 줄여 가면서 마침내 그릇을 비우는 행위가 아니라 허기를 채우면서 생리적인 욕구를 충족하거나 좋은 사람들과 식사를 함께 하면서 사회적인 욕구와 감성적인 욕구를 충족하는 과정에서 식사의 가치를 찾는 것도 이와 다르지 않습니다.

경제학은 앞 과에서 공부한 것처럼 사회가 희소 자원을 어떻게 관리하는지 연구하는 학문이다.

1) 윗글에서 필자의 주장은 ㉠~㉢ 가운데 누구의 입장에 가장 가까운가?

_____

2) 윗글의 앞에서 어떤 내용을 다루었을지 가장 알맞은 것을 골라 보자.

① 이름을 들으면 어떤 모습이나 느낌을 그려 볼 수 있다.

② 이름을 듣고 떠올린 모습이 그 실체와 다를 수도 있다.

③ 이름을 듣고 떠올린 모습이나 느낌은 항상 그 실체와 어울린다.

④ 이름을 듣게 되면 그 이름이 연상시키는 회사를 떠올릴 수 있다.

3) 윗글에서 필자는 소비자에 대한 두 가지 잘못된 생각을 비판하고 있다. 두 가지가 무엇인지 써 보자.

• _____

_____

• _____

_____

4) 윗글의 첫 번째 단락은 두 가지 중심 생각을 이야기하고 있다. 두 번째 단락을 둘로 나누고, 각각의 중심 문장을 찾아보자.

나뉘는 부분	
중심 문장 1	
중심 문장 2	

5) 윗글에서 필자가 궁극적으로 하고자 하는 말을 찾아 써 보자.

_____

윗글은 소비자를 돈을 쓰거나 제품을 소비하는 사람으로 정의하는 것에 부정적이다. 그렇다면 소비자를 어떻게 정의할 수 있는지에 대해 이야기해 보자.

• 읽기 자료 2 •

마케팅은 생산자가 생산한 제품을 소비자에게 팔기 위한 활동이다. 시장 조사, 상품화 계획, 선전, 판매 촉진 등이 있다. 시장 거래나 시장 관리 등으로 불리기도 한다.

(가) ㉠'기업을 경영하는 철학'으로서의 **마케팅**은 고객들이 현재 무엇을 원하고 있는지를 이해하고, 한 걸음 더 나아가서, 앞으로 무엇을 원하게 될 것인지를 예측하는 것이 기업의 성장과 발전을 달성하는 지름길이라는 믿음에서부터 출발한다. 우리 주변에서 볼 수 있는 '잘 나가는' 기업들이나 '히트' 상품들의 성공 비결이란 대부분 현재 고객들이 원하는 것을 기존 상품들보다 더 잘 충족시켜 주거나, 아니면 고객들이 앞으로 원하게 될 것을 미리 내다보고 준비를 해서 경쟁자들보다 앞서서 제공할 수 있었던 데에 있다.

(나) 그렇다면, 고객이 '원하는 것'에 대해서 좀 더 자세히 알아보자. 고객이 원하는 것을 좀 더 구체적으로 표현해 본다면 '필요'와 '욕구'라는 두 개의 단어로 나타낼 수 있다. 필요(needs; 니즈)란 사람이 살아가는 데 필요한 음식, 옷, 집, 안전, 소속감, 사회적 지위 등과 같은 기본적인 것들이 부족한 상태를 말하며, 욕구(wants)란 그러한 필요를 충족시킬 수 있는 어떤 구체적인 수단을 원하는 것을 말한다. 예를 들어, 배가 고프다는 것은 필요이지만, 라면이나 햄버거를 먹고 싶다고 느끼는 것은 욕구이다. 필요는 인간이 태생적으로 갖고 있는 것으로서 마케팅이 영향을 미치기 어렵지만, 욕구는 마케팅이 영향을 미칠 수 있다.

(다) 아르바이트를 해서 모은 돈으로 13.3인치 노트북을 사려고 하는 A양과 B군의 경우를 살펴보자. 두 사람은 삼성과 LG 중에서 하나를 사려고 한다. 두 회사의 노트북은 메모리, 하드디스크 등과 같은 기본 성능에 있어서는 차이가 없었지만, 삼성 노트북은 LG 노트북보다 무게가 600그램 가벼웠고 가격이 40만원 더 비싼 130만원이었다. 두 회사의 노트북을 비교해 본

A양은 삼성 노트북의 화질과 디자인이 더 좋다고 느껴졌고, 무게가 600그램 가벼운 것까지 고려하면 40만원을 더 줄 만하다고 생각해서 삼성을 사기로 결정했다. 그러나 튼튼한 팔다리를 가진 B군에게는 600그램의 차이는 중요하지 않았고, 삼성의 화질과 디자인이 LG보다 더 좋게 보이기는 했지만, 40만원을 더 지불할 만하다고는 생각되지 않아서 LG를 사기로 마음먹었다.

(라) A양과 결정과 B군의 결정을 알기 쉽게 식으로 써 보자. A양의 결정은 다음과 같이 쓸 수 있다.

> 삼성 노트북을 사서 얻는 것(기본 성능, 가벼운 무게, 더 좋은 화질과 디자인) − 삼성 노트북의 가격(130만원) 〉 LG 노트북을 사서 얻는 것(기본 성능) − LG 노트북의 가격(90만원)

B군의 결정은 위와는 반대로 쓸 수 있다. 여기서, 두 사람이 구입한 브랜드는 다르지만, 두 사람은 자신이 얻는 것(what you get)과 자신이 그 대가로 지불하는 것(what you pay for)의 차이가 더 큰 브랜드(A양의 경우 삼성, B군의 경우 LG)를 구입하였다는 점에서는 일치한다.

(마) 두 사람은 자신이 얻는 것과 자신이 지불하는 것을 비교해서 그 차이가 큰 상품을 구입한 것이다. 마케팅에서는 이것을 가치(value)라고 부른다. 사람들은 최고의 상품을 사는 것도 아니고 최저 가격의 상품을 사는 것도 아니다. 자신에게 가장 큰 가치를 줄 것이라고 생각되는 상품을 사는 것이다. 가치를 경제에서는 효용(utility)이라고 부른다. 결국 기업이 고객의 욕구를 충족시켜 줄 수 있는 좋은 방법이란 고객에게 경쟁 상품들보다 더 높은 가치를 주는 또는, 더 큰 효용을 주는 상품을 제공하는 것이다.

1) 다음 단어들의 의미를 윗글에서 찾아 정리해 보자.

• 필요:

_____

_____

• 욕구:

_____

_____

• 가치:

_____

_____

• 효용:

_____

_____

2) ㉠ 문장을 짧고 쉽게 고쳐 써 보자.

_____

_____

_____

3) 아래 〈보기〉는 윗글의 어떤 주장에 대한 예인지 생각해 보자.

〈보기〉

예를 들어, 'BMW는 타는 사람의 지위를 보여 준다'는 내용의 광고를
BMW가 한다고 해서 사람들이 사회적 지위를 더 갈망하게 되는 것은 아니
다. BMW가 하는 것은 자기 회사가 만든 제품이 사회적 지위를 표현해 주

는 최고의 수단이라는 것을 인식시킴으로써 BMW에 대한 '욕구'를 상승시키고, 궁극적으로 BMW를 사게 만드는 일이다.

4) 윗글에서 A양과 B군의 예를 통해 하고자 하는 주장은 무엇인가?

① 소비자는 성능 차이가 적으면 가장 싼 제품을 사려고 한다.

② 소비자는 가격 차이가 적으면 가장 비싼 제품을 사려고 한다.

③ 소비자는 얻는 것과 지불하는 것의 차이가 큰 제품을 사려고 한다.

④ 소비자는 얻는 것과 지불하는 것의 차이가 작은 제품을 사려고 한다.

5) 윗글을 읽고 주제를 한 문장으로 정리해 보자.

_____

_____

여러분이 휴대폰을 구매한다고 가정해 보자. 휴대폰을 구매할 때 '필요(needs; 니즈)'와 '욕구(wants)'에 대해 알아보자. 그리고 어떤 차이가 있는지 생각해 보자.

◆ 이 과에서는 소비자가 제품이나 서비스의 가치를 소비하는 것이 아니라 그것을 통해 자신의 욕구를 만족시킨다는 것을 알게 되었다. 따라서 기업은 소비자들에게 더 큰 가치나 효용을 주는 제품이나 서비스를 제공해야 한다. 여러분들이 좋아하는 K-POP 그룹, 드라마, 영화, 화장품, 옷 등을 예로 들어 그것이 소비자들의 욕구를 충족시키는 점 혹은 소비자들에게 제공하는 가치나 효용 등에 대해 생각해 보자.

• 글의 요약 •

1. 요약의 개념

글의 내용을 제대로 이해하기 위해서는 중심 내용을 파악해야 한다. 글의 내용을 모두 읽었다고 해도 그 내용을 기억하지 못하면 효율적인 읽기라고 할 수 없다. 글을 읽고 나서 그 내용을 제대로 기억하기 위해서는 중심 내용을 골라서 다시 정리해야 하는데 이것을 요약이라고 한다.

2. 항목형 요약과 서술형 요약

요약은 단어나 구의 형태로 할 수도 있고 문장의 형태로 할 수도 있다. 요약의 결과를 단어나 구의 형태로 한 것을 항목형 요약이라고 하고, 요약의 결과를 문장의 형태로 한 것을 서술형 요약이라고 한다. 항목형 요약은 노트 필기나 메모 등에서 사용하고, 서술형 요약은 시험 답지, 보고서 등에서 사용한다.

3. 요약의 과정

요약은 일반적으로 선택과 삭제의 과정에 따라 이루어진다. 선택은 글을 읽으며 중요한 내용을 골라서 뽑는 것이다. 주장이나 핵심적인 설명이 선택의 대상이 된다. 또 단락으로 보면 주요 단락이, 문장으로 보면 각 단락의 중심 문장이 선택의 대상이 된다. 삭제는 중요하지 않거나 반복해서 나타나는 것을 빼는 것이다. 예시나 부연이 삭제의 대상이 된다. 단락으로 보면 보조 단락이, 문장으로 보면 각 단락의 뒷받침 문장이 삭제의 대상이 된다.

4. 요약의 마무리

중심 내용을 선택하고 그렇지 않은 내용을 삭제하면 일차적으로 요약이 이루어진다. 그런데 선택한 부분을 그대로 연결시킬 경우 그 내용이 자연스럽게 연결되지 않는 경우가 많다. 선택한 부분을 하나의 글로 자연스럽게 연결시키는 것을 재구성이라고 한다.

※ 다음의 글을 읽고 생각해 보자.

(가) 인간 복제 역시 위험에 노출되어 있기는 마찬가지이다. 인간 개체 복제는 그것이 가져다 줄 수 있는 이득에 비해 위험의 크기와 논란의 정도가 크기 때문에 현재로서는 원천적으로 금지되어 있다. 그러나 줄기세포 배양의 경우, 복제된 배아의 줄기세포를 분화시켜 얻은 세포나 장기로 난치병을 치료할 수 있다는 희망이 있기에 엄격한 제약이 있기는 하지만 전면적으로 금지되고 있지는 않다.

(나) 인간 복제는 이렇듯 강력한 통제하에 있기 때문에 그 실험 과정에서 발생할 수 있는 부작용을 속속들이 알기 힘들다. 그러나 현재까지 밝혀진 것만 보더라도 인간 배아 복제의 경우 성공률이 매우 낮은 데다, 부작용 역시 많은 우려를 갖게 한다. 인간 개체 복제는 아직 그 부작용이 드러날 기회조차 없었다. 그러나 이미 수차례 행해진 바 있는 동물 복제를 통해 인간 개체 복제시 발생할 수 있는 부작용을 예측할 수는 있다.

(다) 지난 1997년 복제양 '돌리'가 태어난 이후 소와 쥐 등 각종 동물이 연이어 복제되었다. 이러한 동물 복제의 성공률이 3퍼센트 수준으로 매우 낮은 것도 문제지만 복제에 성공한 동물에게서 예측하지 못한 부작용이 무차별적으로 나타났다는 것이 2001년 『뉴욕타임스』에 보도된 바 있다. 복제된 쥐의 경우 한동안은 정상적으로 성장하였으나 나중에는 비만 또는 발달 장애가 일어났으며, 복제된 소의 경우 심장이나 폐가 비정상적으로 비대해졌다. 복제양 돌리 역시 보통 양에 비해 절반밖에 살지 못하고 폐질환으로 죽었으며, 죽기 전까지 비만·관절염·세포의 비정상적인 노화 등으로 고생한 것으로 알려졌다.

(라) 복제 동물에게 일어난 다양한 부작용은 인간이 복제될 경우에도 치명적인 장애가 올 수 있음을 보여 준다. 이러한 부작용을 무릅쓰면서까지 우리는 생명공학 기술을 발전시켜야 하는가? 생명공학 기술이 잘 정착된다면 그것은 사람을 위해 충실히 봉사할 수 있을 것이다. 그러나 그 과정에서 벌어지는 희생은 어떻게 할 것인가? 결과가 좋다면 어느 정도의 희생은 불가피하다는 논리는 받아들일 수 있는 것인가? 생명공학 기술의 의학적 부작용은 그 빛 못지않게 어두운 그늘을 드리우고 있다.

1) 윗글을 읽고, (가)~(라) 단락의 중심 문장을 찾아보자.

(가): _____

_____

(나): _____

_____

(다): _____

_____

(라): _____

_____

2) 각 단락의 중심 문장을 통해, (가)~(라) 단락 중 어느 것이 주요 단락인지 찾
   아보자. 주요 단락의 내용을 요약해 보자.

주요 단락	
요약	

3) 윗글을 200자 내외로 요약해 보자. 단, 다음의 두 가지 방법을 사용해 보자.
   (1) (가)~(라) 단락의 중심 문장을 쓴 후 내용을 자연스럽게 연결시켜 보자.
   (2) (가)~(라) 단락 중 주요 단락을 찾아서 내용을 200자에 맞게 자연스럽게
      줄여 보자.

(1)
_____
_____
_____
_____
_____

(2)
_____
_____
_____
_____
_____

　　인간을 복제하는 것에 찬성하는지 아니면 반대하는지 이야기해 보자. 만약 찬성한다면 인간 복제의 문제점에 대해서 생각해 보자. 반대한다면 인간 복제의 필요성에 대해서 생각해 보자. 또 인간이 아닌 다른 생명의 경우에는 어떤지 이야기해 보자.

3과

돈으로 살 수 없는 것들

들어가기

배가 고파서 맛집에 줄을 서 있거나 보고 싶은 영화가 있어서 극장에 줄을 서 있는데 누군가 끼어든다면 어떤 기분이 들까? 아마 무척 화가 날 것이다. 그런데 공항에 늦게 온 일등석이나 비즈니스석 승객이 먼저 비행기에 탈 경우는 어떨까? 보통은 화를 내지 않는다. 이것은 좋아하는 가수의 콘서트에 갔을 때도 마찬가지다. 이들은 어떤 차이가 있을까?

1) 어떤 일에는 줄서기가 어울리고 어떤 일에는 사고파는 것이 어울리는가? 왜 그런가?

2) 지금 사고팔 수 없는 것은 무엇이 있는가? 또 사고팔아서는 안 되는 것은 무엇이 있는가?

(가) 2011년 『타임(Time)』은 세상을 바꿀 10개의 아이디어 중 하나로 공유(sharing)를 제시하며 공유 경제(sharing economy)의 부상을 세계에 알렸다. 공유 경제는 2010년대 혁신적 비즈니스 집합의 하나로 주목받고 있다. 공유 경제는 소비자가 가진 물건, 정보, 공간, 서비스 등과 같은 자원을 다른 경제 주체와 공유해 새로운 가치를 창출하는 경제 방식이다.

(나) 그런데 같이 생산하고 같이 나누고 소비하는 공유 방식의 경제 활동은 인류의 역사와 함께 있어 왔다. 그러나 기존의 공유와 달리 우리는 지금 전 세계가 연결된 새로운 공유 경제를 경험하고 있다. 가장 결정적인 차이점은 ICT(Information and Communication Technology)의 발달이 기반이 되었다는 점이다.

(다) ㉠모바일과 초고속 인터넷이 서비스 제공자와 이용자를 신속하고 정확하게 연결시켜 주어 오프라인 시장에서 발생하는 높은 거래 비용을 감소시켜 주어 시간과 공간의 한계를 극복할 수 있는 이 시스템으로 인해 공유 경제의 새로운 장이 열리게 된 것이다. 특히 소셜 네트워크(social network)에 의한 '연결'의 질적, 양적 변화가 공유 경제의 발전에 크게 기여했다. 여기에 환경적, 사회적 불평등 등 사회 문제에 대한 관심이 증가하면서 자원의 무한 생산에서 벗어나 자원의 적정 생산과 효율성이 관심을 끌기 시작했다.

(라) 공유 경제는 소유가 아니라 공유를 기반으로 한다. 여분이 있거나 활용도가 낮은 자본과 서비스의 활용도를 높이고 경제적 가치를 찾는 혁신을 도입한 것이다. 따라서 이를 '협력 소비(collaborative consumpyion)', '협력 경제(collaborative economy)', '동료 경제(peer economy)' 등으로 표현하기도 한다.

(마) 그렇다면 공유가 활성화되기 위해서는 어떤 조건이 필요한 것일까? 도미니크 포레이(Dominique Foray)는 공동체 내에 지식을 이해하는 사람들이 많을수록 그 사람들이 그 지식을 사용하기 위해 협력할 가능성이 더 높다고 설명했다. 그리고 지식을 공유하는 데 드는 비용이 낮아지면 지식을 공유하는 이용자가 크게 증가한다. 인쇄술의 발달로 책을 출판하고 이용하는 비용이 낮아지면서 책을 읽을 수 있는 사람이 늘고 지식을 공유하는 사람들이 크게 늘었다.

(바) 우버(Uber)*는 승객과 운전기사를 스마트폰으로 연결하는 기술 플랫폼이다. 우버는 택시를 소유하지 않고 운전기사도 없는 운송 서비스이다. 우버는 우버 앱으로 승객과 운전기사를 연결해 주는 허브 역할만 수행하며, 결제도 우버 앱을 통해서 이루어진다. 요금은 날씨와 시간, 요일에 따라 차등 적용되는데, 눈이나 비가 오는 날에는 가격이 올라가고, 평일 낮 시간대에는 가격이 내려가는 시스템이다. 수요와 공급에 따라 가격이 변동되는 자체 알고리즘으로 운영된다.

* 우버(Uber)는 택시 승객이 스마트폰 애플리케이션으로 차량을 이용할 수 있게 해 주는 서비스이다. 중계자 없이 인터넷 플랫폼에서 승객과 기사가 연결되는데, 이미 여러 나라에서 우버 서비스가 시행되고 있다.

(사) 한편 우버와 함께 숙박 공유 서비스로 공유 경제를 널리 알린 것이 에어비앤비(Airbnb)*이다. 에어비앤비는 2008년 8월 조 게비아(Joe Gebbia)와 브라이언 체스키(Brian Chesky)가 미국 캘리포니아주 샌프란시스코에서 창업했다. 온라인과 모바일을 통해 세계의 숙소를 공유하는 숙박 공유 서비스다. 에어비앤비는 숙소를 소유하지 않는다. 숙소 주인과 이용자를 연결하며, 수수료 수입을 받는다. 수수료의 비중은 이용자가 6~12%, 숙소 주인인 3~5% 수준으로 알려져 있다. 가격은 숙소 주인이 정하는데 에어비앤비의 추천이 중요한 역할을 한다.

* 에어비앤비(Airbnb) 역시 스마트폰 애플리케이션으로 숙박객이 숙소를 이용할 수 있게 해 주는 서비스이다. 중계자 없이 인터넷 플랫폼에서 숙박객과 숙소 주인을 연결시켜 주고, 에어비앤비는 거기에 대한 수수료를 받는다.

1) 윗글에서 공유, ICT, 협력의 사전적 의미를 찾아 정리해 보자.

• 공유: _____

_____

• ICT: _____

_____

• 협력: _____

_____

2) 윗글에서 공유 경제의 정의가 나타나 있는 부분을 찾아 써 보자.

_____

_____

_____

3) ㉠의 문장은 어색하다. 문장을 자연스럽게 바꾸어 보자.

_____

_____

_____

4) 윗글을 둘로 나누어 보고, 각각의 중심 내용을 정리해 보자.

나뉘는 부분	
중심 내용 1	
중심 내용 2	

5) (가)~(사) 단락 가운데 주요 단락을 찾고 주제를 정리해 보자. 또 글 전체의
   구성 방식에 대해서도 써 보자.

주요 단락과 주제	
글 전체의 구성 방식	

생각 나누기

윗글을 읽고 우리 주변에서 이루어지고 있는 공유 경제, 혹은 앞으로 등장할 공유 경제
의 다른 예에 대해 이야기해 보자.

_____

_____

_____

_____

_____

_____

(가) 공항 보안 검색대를 통과하기 위해 길게 줄을 서는 것은 여행할 때 치러야 하는 고역이다. 하지만 모든 승객이 뱀처럼 기다랗게 줄을 서서 기다려야 하는 것은 아니다. 일등석이나 비즈니스석 항공권을 구매한 승객은 줄의 맨 앞으로 나가 전용 카운터에서 심사를 받을 수 있다. 영국 항공은 비싼 항공료를 지불하는 승객들이 여권과 입국 심사를 통과하기 위해 줄을 설 필요가 없는 '패스트 트랙(fast track)' 서비스를 실시한다. 하지만 일등석을 이용할 만한 경제적 여유가 없는 승객이 대부분이므로, 항공사는 일반석 승객도 '맞춤 특권' 서비스를 구매해서 새치기 자격을 누릴 수 있게 했다. 유나이티드 항공은 덴버를 출발해 보스톤으로 가는 승객이 39달러를 추가로 지불하면 보안 검색대 통과와 탑승에 우선권을 부여한다.

(나) 그들은 추가 비용을 받고 좀 더 빠른 서비스를 제공하는 일이 전혀 잘못이 아니라고 주장한다. 예를 들어 페덱스(Fedex)는 당일 배달에 할증료를 청구한다. 동네 세탁소도 당일 세탁 서비스에는 추가 금액을 받는다. 하지만 아무도 페덱스나 세탁소가 다른 사람보다 먼저 자신의 소포를 배달해 주거나 셔츠를 세탁해 주는 것이 부당하다고 불평하지 않는다. ㉠경제학자의 입장에서, 재화와 서비스를 확보하기 위해 줄이 길게 늘어서는 현상은 낭비이면서 비효율적인 행동이고 가격 체계가 수요와 공급을 조절하는 데 실패하고 있다는 신호다.

(다) **교황** 베네딕트 16세가 첫 미국 방문길에 뉴욕 시와 워싱턴 소재 경기장에서 미사를 집전한다는 소식이 발표되자, 미사에 참석하려는 사람의 수가 양키 스타디움 좌석수를 훨씬 초과했다. 가톨릭 교구와 지역 성당을 통해 무료 입장권이 배포되었다. 하지만 입장권이 온라인에서 200달러 이상에 판매되는 등 입장권 암표 매매가 기승을 부리자, 성당 관계자들은 종교 의식의 입장권을 사고팔아서는 안 된다는 근거를 들어 암표 거래 현상을 비난했다. 한 성당 대변인은 "입장권이 시장에서 거래되어서는 안 된다. 돈을 지불하고 성사(聖事)에 참석할 수는 없다."라고 못 박았다. 암표상에게 입장권을 구매한 사람들은 성당의 이러한 주장에 반대할 수도 있다. 어쨌거나 그들은 돈을 내고 성사에 참석할 수 있었다. 하지만 나는 교회 대변인이 지적하려 했던 핵심을 달리 해석했다. 암표상에게 입장권을 사서 교황 집전 미사에 참석할 수는 있겠지만, 미사에 참석하는 경험 자체가 매매 대상이 된다면 성사의 정신이 훼손된다고 강조한 것이다.

> 교황은 가톨릭교에서 가장 높은 지위에 있는 성직자이다. 지금의 프란치스코 교황은 266대 교황이다.

(라) 어떤 행위는 불쾌하게 여겨지지 않는데, 돈을 지불하고 얻는 새치기 권리, 대리 줄서기, 암표 거래 등과 같은 사례는 불쾌하게 여겨지는 이유가 무엇일까? ⓒ시장적 가치는 어떤 재화를 손상시키기도 하지만 어떤 재화에는 적합하기도 하기 때문이다. 특정 재화를 시장 논리로 분배할지 줄서기로 분배할지 아니면 다른 방식으로 분배할지 결정하기 전에, 우리는 그것이 어떤 종류의 재화인지, 어떻게 가치를 매길 것인지 결정해야 한다. 이것을 알아내기란 항상 쉽지만은 않다.

(마) 줄서기를 비롯해 재화를 분배하는 기타 비시장적 방식이 시장 논리로 대체되는 경향은 현대 생활에 깊이 스며들어 있기 때문에 우리는 더 이상 그러한 현상을 제대로 알아차리지 못한다. 이 장에서 살펴본 공항, 놀이공원, 셰익스피어 축제, **의회 공청회**, 콜센터, 의사 진료실, 고속도로, 국립 공원에서 벌어지고 있는 새치기 권리 구매 현상은 30여 년 전만

> 공청회는 국회나 행정 기관에서 어떤 일을 실행하기 전에 그 일의 전문가나 연구자들의 의견을 들어 보는 공개적인 모임이다.

해도 거의 상상할 수 없었던 것으로, 대부분 최근에 발달했다는 사실이 이목을 끈다. 이러한 영역에서의 줄서기 관행의 종말이 신기한 현상으로 보일지 모르겠다. 하지만 시장이 침범하고 있는 영역은 여기에 그치지 않는다.

1) 윗글에서 재화, 줄서기, 시장 논리의 사전적 의미를 찾아 정리해 보자.

• 재화:
_____

_____

• 줄서기:
_____

_____

• 시장 논리:
_____

_____

2) 윗글을 읽고 ㉠경제학자와 상대적인 개념으로 사용된 단어를 (다) 단락에서 찾아 쓰고 각각의 의미를 쓰시오.

상대적인 개념으로 사용된 단어				
각각의 의미	경제학자			

3) ㉡에서는 시장적 가치가 어떤 재화는 손상시키고 어떤 재화에는 적합하다고 했다. 재화를 손상키는 예와 재화에 적합한 예를 윗글에서 각각 찾아 쓰시오.

• 손상시키는 예:

_____

_____

• 적합한 예:

_____

_____

4) (가)~(마) 가운데 윗글의 주요 단락은 어느 단락인지 찾고, 주요 단락의 중심 문장을 써 보자.

• 주요 단락:

_____

_____

• 주요 단락의 중심 문장:

_____

_____

5) 윗글에서 필자가 궁극적으로 말하고자 하는 바를 생각해 보자. 또 그것과 글의 주제의 관계에 대해 알아보자.

• 궁극적으로 말하고자 하는 바:

_____

_____

• 주제와의 관계:

_____

_____

〈보기〉에 제시된 것은 사고팔 수 있는지 이야기해 보자. 사고팔아서는 안 되는 것이 있다면 그 이유에 대해서도 이야기해 보자.

〈보기〉

사랑, 집, 가족, 건강, 자동차, 시간, 애완견 등

◆ 앞에서 그레고리 맨큐의 경제학에 대해 공부한 바 있다. 그레고리 맨큐는 경제적 효율성을 사회 구성원 전체의 경제적 행복을 극대화하는 것으로 파악했다. 그 핵심은 얼마나 많은 돈을 지불할 의사가 있느냐에 따라 재화를 배분하는 것이다. 이 과에서는 경제의 원리에는 반드시 효율성만 작용하는 것이 아님을 말하고 있다. 그렇다면 올바른 경제생활을 위해서 효율성 외에 어떤 원리가 필요한지 생각해 보자.

· 사실적 읽기 ·

1. 사실적 읽기의 개념

사실적 읽기란 글이 담고 있는 정보를 사실적으로 확인하는 차원에서 이루어지는 읽기이다. 다시 말해 제시된 내용을 있는 그대로 이해하는 것이다.

2. 사실적 읽기의 필요성

독자가 자신의 지식이나 가치관 등을 개입시켜 추론하고 비판하고 감상할 수 있기 위해서는 먼저 글이 담고 있는 사실적인 정보를 확인해야 한다. 따라서 글의 내용을 제대로 이해하기 위해서는 사실적 읽기가 가장 기본적으로 선행되어야 한다.

3. 사실적 읽기의 방법

사실적 읽기 방법은 다음과 같다. 첫째, 정보를 확인하고 의미 관계를 파악하며 읽는다. 단어, 문장, 단락 등 구성 요소들 사이의 의미 관계를 파악하며 읽는 것이다. 다시 말해 원인과 결과, 진술과 예시, 문제- 해결 등의 의미 관계를 파악하며 읽는 것을 말한다. 두 번째로 중심 내용 파악하여 요약하며 읽는다. 중심 내용을 파악하기 위해서는 먼저 의미 관계를 확인해야한다. 확인한 정보들 가운데 중요도가 높은 문장과 중요도가 낮은 문장을 파악한다. 그 후 중요도가 높은 문장을 중심으로 선택, 삭제, 재구성 등의 방법을 활용하여 요약하며 읽는다.

※ 다음의 글을 읽고 생각해 봅시다.

(가) 윈스턴은 그의 조국 영국을 사랑했다. 독일 점령군이 자기 동포를 탄압하는 것을 본 그는 깊이 상처를 받았다. 그러나 독일이 됭케르크 학살에서 영국군을 패배시키고, 미국이 전쟁에 개입하지 않겠다고 결정한 이후로 영국이 독일의 일부가 되는 것은 단지 시간 문제였다. ㉠상황은 절망적으로 보였다. 세계적으로 히틀러에게는 적수가 없었으며, 영국의 저항 세력은 장비도 허술하고 힘도 없었다. 윈스턴과 마찬가지로 많은 사람들이 독일을 패배시킬 수 없다는 판단을 내렸다. 그럼에도 윈스턴은 히틀러를 끊임없이 성가시게 해서 그만큼 소중한 자원을 낭비하도록 만들면, 히틀러가 조만간 영국을 점령하는 것이 득이기보다 골치 아픈 일임을 깨닫고 철수하리라는 일말의 기대를 갖고 있었다.

(나) 윈스턴은 이 계획이 효과가 있으리라고는 전혀 확신하지 않았지만 그들이 의지할 수 있는 ㉡최후의 수단이었다. 문제는 독일에 심각한 타격을 입힐 정도의 공격을 가하기가 몹시 어렵다는 점이었다. 저항 세력의 투사들이 스스로 인간 폭탄이 되어 자신을 희생하는 것이 최대의 파괴와 공포를 유발하는 유일하게 효과적이고 믿을 만한 방법이라는 데 어쩔 수 없이 동의한 것은 바로 그 때문이었다. 그들은 모두 영국을 위해 죽을 각오가 되어 있었다. 그들이 원한 것은 오직 자신의 죽음이 상황을 바꿀 수 있으리라는 확신뿐이었다.

1. 윗글의 내용과 다른 것은 무엇인가? (   )

    ① 윈스턴과 많은 사람들은 독일을 패배시킬 수 없다고 생각했다.

    ② 저항 투사들은 영국을 위해 자신의 죽음을 바칠 각오가 되어 있었다.

    ③ 윈스턴은 인간 폭탄이 독일 공격에 효과가 있을 것이라 처음부터 확신했다.

    ④ 독일군이 영국군과의 전쟁 후에 미국이 전쟁에 참여하지 않겠다고 결정
       했다.

2. ㉠과 같이 생각한 이유는 무엇인가?

    _____

    _____

    _____

    _____

    _____

    _____

3. 윈스턴이 생각한 ㉡최후의 수단이란 무엇이며 그것을 사용하게 된 이유는
   무엇인가?

    _____

    _____

    _____

    _____

    _____

    _____

윗글을 읽고 '인간 폭탄'에 대한 내용을 요약·정리해 보자.

인간 폭탄이라는 전략이 사용된 배경	인간 폭탄에 대한 자신의 생각

자연 과학 영역

1과

생명의 불편한 진실

들어가기

여러분은 어릴 적에 동물원에 가 본 적이 있을 것이다. 동물원에서 인기가 있는 동물은 원숭이이다. 원숭이의 재롱에 사람들은 웃고 박수를 친다. 그런데 원숭이의 눈에 사람들은 어떻게 보일까? 우리 안에 있는 그들도 웃고 박수를 치는 사람들을 보는 것이 즐거울까?

한편 과학의 발전은 머지않은 미래에 인간을 복제하는 일을 가능하게 할 것이다. 그런데 복제된 인간의 경우는 어떨까? 그는 자신과 똑같은 모습을 한 인간을 보고 무엇을 느낄지 생각해 보자.

1) 인간과 동물은 모두 생명을 지니고 있다. 생명을 지니고 있다는 점에서 인간과 동물은 같은 존재인가, 다른 존재인가?

2) 동물원에 있는 동물들의 권리에 대해 생각해 보자. 그들에게도 권리가 있는가? 있다면 어떤 권리가 있는지에 대해 이야기해 보자.

유전자는 생물체의 유전 형질을 발현시키는 인자를 뜻한다. 이 글에서 유전자 쇼핑은 부모가 원하는 유전자를 골라 그것을 지닌 아이를 태어나게 한다는 의미로 사용되고 있다.

유전자 쇼핑*을 거쳐 태어나는 아이는 '낳아지는' 것이 아니라 '만들어진다'고 할 수 있다. ㉠( ) 때문이다. 그런 면에서 유전자 쇼핑은 아이를 자율성을 지닌 존재가 아니라 부모의 욕구와 기대에 맞추어 조작되어도 좋은 대상, 또는 부모의 욕구를 충족시키기 위한 수단으로 여기게 만든다는 것이 비판론자들의 시각이다.

본질적으로 자식에 대한 부모의 사랑에는 조건이 없다. 따라서 부모는 자식이 어떤 사람이냐에 상관없이 세상을 행복하게 살아갈 수 있도록 모든 지원을 아끼지 않는다. 여기서 말하는 '지원'이 ㉡부모로서 기대하는 기준에 맞추어 자식을 재단한다는 의미는 결코 아닐 것이다. 어느 부모든 자식에게 기대는 할 수 있겠지만, 자신의 기준을 강요하기보다는 자식이 스스로 갈 길을 찾아가도록 묵묵히 도와주는 것이 진정한 부모의 역할일 것이다.

그렇다면 자신의 기준에 맞추어 아기의 모습을 마음대로 조작하는 유전자 쇼핑 시대를 우리는 어떻게 받아들여야 할까?

유전자 쇼핑에 찬성하는 이들은 부모에게는 자녀가 성인이 될 때까지 책임질 의무와, 자식을 대신하여 의사 결정을 내릴 수 있는 권리가 있다는 점을 근거로 든다. 이를 인정한다면 부모가 태어날 아이의 특성을 결정하거나 변화시키는 것이 틀렸다고 할 수는 없다는 것이다. 물론 아이에게 해가 되지 않는 범위 내에서 말이다. 이들은 아이에게 좋은 특성을 선물하기 위한 노력이 임산부의 태교와 다를 바가 무어냐고 반박하기도 한다.

그러나 태어난 아이에 대한 부모의 지원은 아이의 의사를 어느 정도 반영하는 데 반해 유전자 쇼핑으로 태어난 아이는 꼼짝없이 부모가 일방적으로 정한 특징을 받게 된다. 어느 아버지가 아이를 축구 교실에 데려간다고 해도, 아이가 싫어한다면 아버지는 생각을 바꾸어야 할 것이다. 부모의 바람에 저항하기 쉽지 않겠지만, 어쨌든 아이는 자신의 길을 찾아갈 기회가 있다. 그렇지만 태어나기도 전에 축구 선수로 자라도록 다듬어진 아이는 어떻게 저항할 것인가? 부모의 선물이니 순종해야만 할까? 아니, 그보다 아버지는 무슨 권리로 아이를 축구 선수로 키우겠다고 결심한 것일까? 자식에 대한 애정은 인정하더라도, 유전자 쇼핑이 아이를 다른 이의 의지에 의해 조작당해도 무방한 도구적 존재로 만든다는 점은 부인할 수 없을 것이다.

유전자 쇼핑 시대에는 당연히 유전자 검사도 보편화될 것이다. 그런데 이 유전자 검사는 '유전적 차별'의 도구로 쓰일 가능성이 높다. 예를 들어 건강한 사람의 유전자 검사 결과, 언젠가 특정 질병에 걸릴 가능성이 높게 나온 경우를 상상해 보자. 이 결과가 질병에 대비하고 예방 치료를 하는 데 활용한다면 미래에 대비할 수 있을 테니 반드시 나쁘다고 할 수만은 없을 것이다.

그러나 이 정보가 회사나 보험사 같은 기업의 손에 들어가면 이야기는 달라진다. 만약 유전자 검사 결과 당신이 어떤 심각한 질병에 걸릴 가능성이 있다고 나타난다면, 당신이 지원하는 회사는 아마 채용 여부를 다시 한 번 생각해 볼 것이다. 또한 보험사는 당신을 고객으로 받아들이려 하지 않을지도 모른다.

1) '유전자 쇼핑'이 무엇을 뜻하는지 알아보자. 그리고 그것을 통해 ㉠에 들어갈 말을 써 보자.

• 유전자 쇼핑의 뜻:

_____

• ㉠에 들어갈 말:

_____

2) 윗글에서 '㉡부모로서 기대하는 기준에 맞추어 자식을 재단한다'와 반대의
   의미로 사용된 문장을 찾아보자.

_____

_____

_____

3) 윗글의 다섯 번째 단락과 여섯 번째 단락에서 주로 사용된 서술 방식은 무엇
   인가?

_____

_____

_____

4) 윗글에서는 '유전자 쇼핑'의 문제점을 크게 두 가지로 이야기하고 있다. 그
   두 가지를 써 보자.

   •_____

   _____

   •_____

   _____

5) 윗글을 150자 내외로 요약하고, 거기에 대한 자신의 생각을 이야기해 보자.

_____

_____

_____

_____

_____

현대 유전 공학이 사람들에게 주는 도움과 또 그것이 야기하는 문제점에 대해 이야기
해 보자. 또 부작용을 줄이고 유전 공학을 발전시킬 방안에 대해서도 생각해 보자.

(가) 최근 들어 ㉠(
) 라는
흥미로운 질문이 잇따라
나오고 있다. 복수는 기억
과 자의식, 논리, 마음의
상처, 정의, 비난이 수반된
복잡한 인지 반응이다. 경
험에 근거한 증거들을 통
해 볼 때 어떤 동물들은 복수를 수행할 능력이 있으며 실제로 행동에 나서
기도 한다. 한 예로, 2008년 12월 중국에서 세 마리의 원숭이가 공연 도중
조련사를 공격하는 사건이 일어났다.

(나) 원숭이 한 마리가 미니 자전거에 올라타기를 거부하자 조련사는 회
초리로 원숭이를 때렸다. 그러자 분노한 다른 두 마리의 원숭이가 동료 원
숭이의 편을 들었다. 한 원숭이는 조련사의 귀를 잡아 비틀고 또 다른 원
숭이는 그의 머리를 잡아당기고 목을 물어뜯었다. 조련사가 회초리를 떨
어뜨리자, 원숭이 중 한 마리가 회초리를 집어 들고 조련사를 회초리가 부
러질 때까지 계속 때렸다. 또 다른 사례로, 인도의 콜카타 동물원에서는 수
컷 침팬지 한 마리가 일부 관람객들이 조롱하면서 벽돌 조각을 던지자 군
중들을 향해 돌을 던지며 앙갚음을 해 딸과 함께 온 엄마가 다치는 사고가
있어났다.

(다) 코끼리는 매우 사회적이며 고도의 감정적 지각 능력을 갖춘 동물로 부
당한 처우에 대하여 불만을 행사한 바도 있으며, 사람들이 거주하는 지역을
코끼리 떼가 공격한 사건의 배후에는 보복이 작용한 것으로 여겨지고 있다.

코끼리는 자신을 부당하게 대한 사람을 기억하고 앙심을 품을 정도의 인지와 감정 능력을 가지고 있는 것이 분명하다. 이에 더해, 사람들이 성난 코끼리 떼와 마주치는 빈도도 늘어나고 있는데 코끼리 전문가 이언 더글라스-해밀튼(Iain Douglas-Hamilton)은 최근 내게 보낸 이메일에서 "아프리카 전역에서 사람들이 코끼리들의 영역으로 거주지를 넓혀감에 따라 인간과 코끼리가 충돌하는 접점이 증가해 왔고 사례 보고도 늘고 있다."라고 밝혔다.

(라) 우리는 사실 코끼리의 놀라운 감정적 능력에 대해 나날이 깨달아 가고 있는 중이다. 아프리카 코끼리들은 가족 구성원이 보이지 않을 때 그들이 어디 있을지 추측할 줄 알며, 흙 속 오줌에 남아 있는 단서를 통해 그들이 17마리의 암컷 코끼리와 최대 30마리의 가족 구성원을 구분해 낼 수 있다는 사실을 알아냈다. 코끼리는 또 자신이 있는 곳을 중심으로 다른 코끼리들의 위치를 파악할 수 있는 능력도 가지고 있다.

(마) 보츠와나 사파리* 에서 피터 잭슨은 암사자 한 마리가 새끼 코끼리를 물어 죽이는 모습을 보았다. 암사자와 새끼 사자들이 새끼 코끼리를 놓고 포식을 벌이는 광경을 보고 있던 그는 장례를 치르기 위해 코끼리 떼가 몰려오는 보기 드문 장관을 목격했다. ⓛ모여든 코끼리들은 피범벅이 된 새끼 코끼리의 시신을 둘러쌌는데, 발로 땅을 구르는 코끼리가 있는가 하면 여전히 근처에 있을 게 분명한 사자 가족이 있는 쪽으로 혐오스럽다는 듯 코를 힝힝거리는 코끼리들도 있었다. 하지만 대부분은 코로 시신을 부드럽게 어루만지며 훌쩍이더니 뒤로 물러서 조용히 모여 있는 다른 코끼리 사이로 갔다. 코끼리들은 계속해서 도착했는데 찾아온 코끼리의 수는 모두 합쳐 최소한 100마리에 이르렀다.

> * 보츠와나(Republic of Botswana)는 아프리카의 남부에 위치한 나라이다. 보츠와나에 있는 초베국립공원에서 이루어지는 코끼리 사파리가 유명한데, 거기에 따른 문제점 역시 계속 일어나고 있다.

(바) 코끼리는 극도로 예민한 존재이며 동물원이 그들의 사회적, 감정적 그리고 육체적 욕구를 충족시킬 수 없다는 사실을 일부 동물원 관계자들도

깨닫기 시작하고 있다. ©그 결과, 미국 내 5개 주요 동물원은 수익성 감소에도 불구하고 코끼리 우리를 폐쇄하는 조치를 추진하고 있다. 또 동물원의 코끼리는 야생의 코끼리보다 더 어린 나이에 죽는다. 포식 동물도 없고 수의사들의 보살핌을 받을 수 있음에도 불구하고 동물원에서 사육되는 코끼리, 특히 아시아 코끼리는 야생의 코끼리들처럼 오래 살지 못한다.

1) 윗글의 (가) 단락에서 ㉠에 들어갈 가장 알맞은 질문은 무엇인가?

　　① 동물들도 생각을 할 수 있을까?

　　② 동물들도 슬픔을 느낄 수 있을까?

　　③ 동물들도 인간처럼 폭력적일 수 있을까?

　　④ 동물들도 인간처럼 복수를 할 수 있을까?

2) 윗글에서 '㉡모여든 코끼리들은 피범벅이 된 새끼 코끼리의 시신을 둘러쌌는데, 발로 땅을 구르는 코끼리가 있는가 하면 여전히 근처에 있을 게 분명한 사자 가족이 있는 쪽으로 혐오스럽다는 듯 코를 힝힝거리는 코끼리들도 있었다.'는 것은 어떤 주장에 대한 예시로 사용되었는지 (다)에서 찾아 써 보자.

_____

_____

_____

_____

3) (바) 단락에서 ㉢과 같이 미국 내 5개 주요 동물원에서 코끼리 우리를 폐쇄한 이유는 무엇인가?

_____

_____

_____

4) 다음 〈보기〉를 읽고 ⓒ에 대해 비판해 보자.

〈보기〉

어떤 손님이 내게 말했다. "어제 저녁 어떤 사람이 몽둥이로 개를 때려죽이는 것을 보았습니다. 그 모습이 불쌍해 마음이 너무 아팠습니다. 그래서 이제부터는 개나 돼지의 고기를 먹지 않을 생각입니다."

그 말을 듣고 내가 말했다. "어제 저녁 어떤 사람이 화로 옆에서 이를 잡아 태워 죽이는 것을 보고 마음이 무척 아팠습니다. 그래서 다시는 이를 잡지 않겠다고 맹세를 하였습니다."

－이규보, 「슬견설」

_____

_____

_____

_____

5) 윗글을 150자 내외로 요약하고, 필자가 궁극적으로 하려는 말을 써 보자.

_____

_____

_____

_____

_____

_____

_____

윗글은 동물도 부당한 대우를 받으면 복수의 감정을 지니게 된다고 한다. 복수의 감정 이외에 실제로 경험한 동물의 감정에 대해 이야기해 보자. 또 인간의 감정과 동물의 감정이 대등한 것인지에 대해서도 생각해 보자.

◆ 인간 복제를 다룬 영화 가운데 『마이 시스터즈 키퍼(My Sister's Keeper)』라는 영화가 있다. 영화의 주인공은 열한 살 먹은 소녀 '안나'이다. '안나'는 언니 '케이트'의 병을 치료할 목적으로 태어났다. '케이트'는 백혈병을 앓고 있는데, '안나'는 언니에게 골수, 줄기세포, 백혈구, 제대혈 등을 제공하기 위해 태어난 맞춤형 인간이었다. 영화는 '안나'가 자신의 존재에 대해 고민하며 엄마, 아빠 등을 고소하기로 결심하는 것으로 전개된다. 이 영화는 유전자 선택이 불러일으키는 많은 문제들에 대해 이야기하고 있다. 영화를 보고 '안나'의 입장과 '케이트'의 입장에서 유전자 선택 혹은 조작의 찬성과 반대에 대해 얘기해 보자.

• 감상적 읽기 •

1. 감상적 읽기의 개념

감상적 읽기란 글을 읽는 사람이 글의 내용에 정서적으로 반응을 하며 읽는 것을 말한다. 즉 글에 대한 정의적(情意的) 작용에 초점을 맞추어 글에서 공감하거나 감동적인 부분을 찾아 그 내용을 감상하며 읽는 것이다.

2. 감상적 읽기의 필요성

감상적 읽기를 하면 글을 읽고 이해하는 과정에서는 인지(認知)뿐만 아니라 정의(情意)도 함께 작용하며 읽을 수 있다. 또 감상적인 읽기를 통해 정서적인 변화를 경험하고 감동적인 부분을 내면화하여 마음을 정화하고 성장시킬 수 있다.

3. 감상적 읽기의 방법

감상적 읽기는 다음과 같이 읽을 수 있다. 첫째로 글을 읽을 때 글과 상호작용하며 글이 감동을 주는 이유를 생각하며 읽는다. 자신을 등장인물과 동일시하며 등장인물의 행동에 공감하며 읽는 것이 중요하다. 두 번째로는 감동을 주는 부분을 찾아 비교하며 읽는다. '이 부분에서 나는 무슨 생각을 했는가?', '글을 다 읽고 난 다음의 나의 느낌은 어떠했는가?'와 같은 질문을 하게 되면 다양한 감상을 경험하기도 하고 자신의 감상을 더욱 명료하게 할 수 있다. 마지막으로 글의 내용을 내면화하며 읽는다. 내면화란 글을 읽는 과정에서 얻은 가치, 태도, 사고, 정서 등을 자신의 것으로 수용하는 것을 의미한다. 내면화를 통해 글을 읽게 되면 자신의 정서를 정화하고 감상을 풍요롭게 할 수 있다.

※ 다음의 글을 읽고 생각해 봅시다.

"너도 서울 가서 학교에 가야지."

엄마가 말했다. 나는 좋은지 싫은지 알 수가 없었다. 서울이란 데를 동경한 것도 같지만 거기서 학교를 다닌다는 일은 상상해 보지 않았다. 엄마의 의도를 안 할머니가 먼저 "세상에, 계집애를 소학교부터 서울에서?" 하고 기함하는 소리를 내셨다. 다시 집안에 분란이 일어났다.

"네가 무슨 짓을 해서 서울서 돈을 얼마나 벌었기에 계집애를 다 서울서 공부를 시키겠다는 게냐, 응? 누가 들을까 봐 겁난다."

할머니는 이런 막말까지 하셨다. 엄마가 아무런 대꾸도 안 하자 "느이 아버님 저 모양 되셔 갖고 순전히 쟤 하나 들락날락하고 슬하에서 고물고물하는 거 바라보는 낙으로 사신다. 그래도 네가 쟬 데려가야 옳겠냐? 증말 너무한다 너무해."

이렇게 애걸로 바꾸어도 엄마의 마음이 돌아선 것 같지 않았다. 할머니는 작전을 바꾸어 나한테 종주먹을 댔다.

"너 할미가 좋으냐? 에미가 좋으냐? 후딱 대답해 봐, 요년아. 할미가 좋으면 엄마한테 할미하고 살겠다고 말해. 후딱."

그럴 때 나는 "몰라, 몰라." 하고 우는 게 수였다. 어린 나이에 도무지 이해할 수 없는 궁지였다. 어른 된 후에도 나는 엄마가 좋으냐? 아빠가 좋으냐? 따위 질문을 어린애한테 하는 사람을 보면 싫은 생각이 들곤 했다.

소용없는 분란에 먼저 종지부를 찍은 건 엄마였다. 실상 엄마에겐 마냥 그러고 있을 시간도 없었으리라. 엄마는 아무에게도 상의 안 하고, 심지어 나한테도 안 물어 보고 내 머리를 빗겨 주는 척하면서 싹둑 잘라 버렸다. 나는 그때까지 우리 동네 계집애들이 다 그랬듯이 종종머리를 땋고 있었다.

종종머리란 계집애들이 댕기를 들여 길게 머리꼬랑이를 땋을 수 있게 되기 전까지 빗는 머리로, 정수리로부터 머리칼을 바둑판처럼 나누어 가닥가닥 땋다가 색실이나 헝겊오라기를 들여 끝마무리를 하는 머리였다. 손이 많이 가고 매일 손질해 주지 않으면 두억시니같이 돼 버리기 때문에 머리만 봐도 집에서 위해 기르는 아인지 아닌지 알아볼 수가 있었다.

그런 머리를 엄마는 싹둑 잘라 냈을 뿐 아니라 뒤를 높이 치깎고 뒤통수를 허옇게 밀어 버렸다. 서울 애들은 다들 그런 머리를 하고 있다고 엄마는 내가 앙탈할 새도 없이 윽박지르기부터 했다.

"세상에, 망측해라."

할머니는 벌린 입을 못 다물었고 나도 이마에서 일직선으로 자른 앞머리보다 뒤통수의 허전함이 이루 말할 수 없이 고약했다. 시험적으로 밖에 나가 본 나는 곧 아이들의 놀림감이 됐다.

"알라리 꼴라리, 누구누구는 뒤통수에도 얼굴이 달렸대요."

당시의 단말머리는 뒤를 너무 높이 깎아 정말 뒤에도 얼굴이 달린 형상을 하고 있었다. 나는 동무들의 놀림을 받으면서도 믿는 데가 있어서 ㉠그다지 기죽지 않았다.

1) 밑줄 친 부분의 '㉠그다지 기죽지 않았다.'라고 표현한 이유는 무엇인가?

_____

_____

_____

_____

_____

2) 주인공의 엄마와 할머니와의 갈등이 일어나는 사건은 무엇인가?

_____

_____

_____

_____

_____

3) 엄마가 주인공의 '종종머리'를 자른 이유는 무엇인가?

_____

_____

_____

_____

_____

_____

_____

'나'라면 서울로 갔을까? 아니면 가지 않았을까? 자신의 생각을 써 보고 이야기해
보자.

2과

지구가 당면한 문제들

들어가기

지속적으로 줄어드는 빙하,

50년 내에 전 세계 인구의 40%가 심각한 물 부족 현상을 겪어

엘 고어의 『불편한 진실』에 따르면, 알래스카를 비롯해 남아메리카의 안데스산맥, 아르헨티나의 움살라 빙하, 스위스, 이탈리아 등 전 세계의 빙하가 조금씩 녹고 있다고 한다. 특히 티베트의 히말라야 산맥은 지구 온난화의 영향을 가장 많이 받는 빙하이다. 알프스 산맥의 100배가 넘는 양의 얼음이 있고 이곳에서 발원하는 7개의 강은 전 세계 인구 40%의 상수원이된다. 이 빙하들이 녹아 없어질 때 심각한 물 부족 현상이 올 수 있다. 빙하가 녹는 이유는 무엇일까?

1) 위와 같은 이상 기후 현상이 일어나는 이유는 무엇인지 생각해 보자.

2) 지구 온난화가 심각해질 때 나타나는 현상은 무엇일지 이야기해 보자.

하나뿐인 지구

모든 사회는 나름의 공통된 환상을 가지고 있다. 우리 시대의 환상은 우주여행이다. 영화나 텔레비전 드라마를 통해 지구를 떠난 인간이 외계의 다른 문명이나 생명체와 마주치는 장면을 많이 목격한다. 그러나 불행하게도 우리의 태양계 내에서 지구 외에 생명체가 발견된 예는 아직 없다. 물론 원시적인 생명체가 있을 수는 있다. 그리고 태양계에서 1천조 킬로미터 떨어진 곳에 무엇이 있을지 누가 알겠는가! 지금 당장은 우리가 외계 문명으로 여행할 수 없고, 그들이 우리를 찾아올 수 없다는 것이 우리가 인정해야 하는 가혹한 현실이다. 다음 세기에 무슨 일이 일어날지 알 수는 없지만, 그것은 적어도 21세기에는 달성하기 힘든 현실이다. 우리 세계가 안고 있는 놀라운 사실 중 하나는 우리가 지구라는 행성에 갇혀 철저히 고립되어 살아가는 존재라는 사실이다. (ㄱ)

지구는 하나의 거대한 압력솥이 되어가고 있다. 변화의 격동기인 21세기, 초광대역 네트워크와 미디어에 둘러싸인 지구의 인구는 계속 불어나고 있고, 빈부격차가 심해질수록 긴장은 심화된다. 한편 인간의 파괴 능력은 위험한 수준까지 치솟았다. 인간의 생존에 필수적인 많은 자원들이 고갈되고 있다. 이로 인해 대규모 기근과 무질서한 폭력, 전례 없는 잔혹한 전쟁이 일어날 수도 있다. 파국적인 기후 변화는 핵겨울이나 새로운 변종 독감, 전염병처럼 한 지역, 한 나라에 국한되지 않고 빠르게 진행되고 있다. 사막화 현상은 달에서도 볼 수 있을 만큼 뚜렷하다고 한다. (ㄴ)

많은 생물종이 이미 멸종했거나, 멸종해 가고 있다. 한번 사라진 종은 절대 되돌아오지 않을 것이다. 지금의 추세라면 지구상에 살아가는 생물종의

반 이상이 자취를 감출 것이다. 이는 단지 자취를 감추는 데서 끝나지 않고 앞으로 수백만 년에 걸쳐 일어날 진화의 과정에서 그 역할마저 없어지는 것을 의미한다. (ㄷ)

1998년 동방정교회*의 바르톨로뮤(Bartholomeos) **주교**는 인간의 원죄에 새로운 죄, 즉 환경 파괴라는 죄를 추가함으로써 교회의 역사를 새롭게 썼다. 그는 이렇게 썼다. "생물종의 멸종을 초래하고, 신이 창조한 생물 다양성을 파괴하고, 기후 변화를 야기하고, 숲과 습지를 파괴함으로써 지구의 통합성을 흩뜨려 놓고, 독성 물질로 지구의 물과 토양, 공기, 생명을 오염시킨 것이 우리 인간의 죄입니다." 인간이 저지른 ㉠이러한 죄들은 다른 종교에서도 똑같이 죄로 명시해야 한다. (ㄹ)

동방정교회는 그리스 정교회라고도 한다. 동로마 제국의 국교로서 콘스탄티노플을 중심으로 발전한 기독교의 한 교파이다.

주교란 정교회의 일정한 지역 단위 교회를 다스리는 성직자를 말한다.

이렇게 아름답고 철저히 고립된 행성을 잘 관리하고 유지하는 것이 21세기의 도전 과제이다.

1) 윗글에 대한 설명으로 적절하지 않은 것은 무엇인가? (   )
① 사막화 현상이 뚜렷하게 나타나고 있다.
② 전염병이 한 지역에 집중적으로 발생한다.
③ 지구의 인구는 지속적으로 늘어나고 있다.
④ 인간의 파괴 능력은 위험한 수준에 이르렀다.

2) 다음 〈보기〉의 내용이 들어갈 곳은 어디인가? (   )

> **〈보기〉**
>
> 인류의 신화를 보면, 인류가 지구 밖 세계와 단절된 존재라는 인식은 전혀 나와 있지 않다. 그런데 우리는 외계인에 관한 이야기를 많이 들으며 자란다. 하지만 많은 생명체로 가득한 지구가 완전히 고립된 행성이라는 것은 엄연한 현실이다. 이러한 고립감을 느끼는 우리는 지구의 파괴가 가져올 결과 또한 감지할 수 있을 것이다.

① (ㄱ) 뒤   ② (ㄴ) 뒤   ③ (ㄷ) 뒤   ④ (ㄹ) 뒤

3) '㉠이러한 죄들'란 무엇인지 본문에서 찾아 써 보자.

_____

_____

_____

_____

_____

_____

4) 윗글의 내용과 같으면 ○, 다르면 × 하시오.

① 과거에 태양계 내에 원시 생명체가 발견된 예가 있었다. (   )

② 생존에 필요한 자원이 고갈되면 대규모 기근과 잔혹한 전쟁이 발생할 수 있다. (   )

③ 많은 생물종이 이미 멸종했거나, 멸종해 가고 있으므로 후에 그중 반 이상이 사라질 수도 있다. (   )

5) 윗글에서 필자가 말하고자 하는 것이 무엇인지 한 문장으로 써 보자.

_____

_____

_____

_____

매년 4월 22일은 '지구 환경 보호의 날'이다. 자연을 보호하려는 사람들이 환경 오염 문제의 심각성을 알리기 위해서 제정한 날이다. 한국도 2009년부터 '지구 환경 보호의 날'을 전후로 한 주를 '기후 변화 주간'으로 정했다. 이 주간 동안 저탄소 생활 실천, 온실 가스 감소 등을 위해 전국에서 정해진 시간에 전등을 끄는 소등 행사 등을 진행하고 있다. 여러분 나라에도 환경 보호와 관련된 특별한 날이 있는지, 있다면 무슨 행사를 하는지 이야기해 보자.

(가) 기후 변화로 인한 위기는 대단히 중요한 문제이다. 이것은 진정한 의미의 전 지구적 비상사태로, 이 문제에 대해 100여 국가의 2000여 명의 과학자들은 인류 역사상 가장 끈질기고 질서 있는 협동 작업을 20년 이상 지속해 왔다. 그리고 그들은 지금까지 유례가 없는 굳은 의견의 일치를 이루었다. 지구상의 모든 국가가 지구 온난화 위기를 극복하기 위해 당장 힘을 합쳐야 한다는 것이다.

(나) 지구 온난화와 관련된 방대한 양의 증거가 가리키는 것은 한결같다. 우리가 신속하고 단호하게 지구 온난화의 원인을 해결하지 못하는 한 재앙이 줄줄이 일어나리라는 것이다. 예를 들어 지구 온난화가 지속되면 허리케인 카트리나*만큼 강력한 폭풍이 대서양 및 태평양에서 더욱 자주 발생할 것이다.

> 카트리나는 2005년 9월에 미국 남부 지역을 강타한 최고 시속 280km의 강풍과 폭우를 동반한 초대형 허리케인이다.

(다) 북극의 만년설과 전 세계 산맥의 빙하도 이미 인간 때문에 녹고 있다. 그린란드의 방대한 얼음덩어리, 남극 서부의 섬들 위에 얹혀 있는 어마어마한 양의 얼음이 바로 우리 때문에 불안정해지고 있다. 이것이 녹으면 지구 전체의 해수면이 6미터 이상 상승할 것이다. 위험한 것은 얼음뿐만이 아니다. 인간이 최초의 도시를 건설하기도 전, 그러니까 거의 1만 년 전부터 현 상태를 유지해 온, 안정된 해류와 기후의 양상도 변화할 것이다.

(라) 또한 지구 온난화에 더해 벌목(伐木)과 산림 방화(放火)가 빈번해지면서 중요 서식지를 잃은 생명체들이 멸종하고 있다. 그 심각성은 6,500만 년 전 공룡이 지구에서 사라졌던 때와 맞먹는 수준이다. 공룡이 멸종한 것은 거대한 소행성이 지구에 충돌해 대혼란을 일으켰기 때문이라고도 하지만, 이번

위기는 알다시피 소행성 탓이 아니다. 우리 인류 때문이다.

(마) 11개국의 과학자 단체가 모여 지구 온난화 문제와 관련한 공동 성명을 발표한 적도 있다. 각국에 명백하게 증대하고 있는 기후 변화의 위협을 인식하도록 촉구하고 기후 변화에 관한 현재의 과학적 지식이 각 나라가 긴급히 행동에 나서기에 충분하다는 것을 확인해 주기 위해서이다.

(바) 그런데 대체 왜 우리의 정치 지도자들은 이 명확한 경고를 듣지 못하는 것일까? 혹시 진실을 듣는 일이 그들에게 그저 불편하기 때문은 아닐까? 내키지 않은 진실이라면 무시해 버리고 싶었을지도 모른다. 그러나 우리는 그 결과가 참혹할 수 있다는 것을 잘 알고 있다.

(사) 오늘날 우리는 인류 문명 역사상 최악의 재앙이 닥칠 수 있다는 무서운 경고를 보고 듣고 있다. 점차 심각해지고 있는 기후 변화로 인한 위기는 인류가 경험한 어떤 사건보다 위험하다는 것이다. 그러나 이 명료한 경고 역시 카트리나 때처럼 '상황에 대한 인식의 부재'에 직면하였다.

(아) 지금 시간이 멈춘다고 상상해 보자. 그리고 시간을 뛰어넘어 2020년대를 살고 있는 우리의 아들딸과 대화를 나눈다고 생각해 보자. 우리는 우리의 집이자 우리의 후손의 고향인 지구를 돌보는 임무에 실패했을까? 그래서 자식 세대가 우리를 통렬히 비판하게 될까? 우리 때문에 지구는 돌이킬 수 없는 상처를 입고 말았을까? 우리는 지금 당장 말뿐인 약속이 아닌 행동으로 그들의 질문에 대답할 수 있어야 한다. 그럼으로써 우리는 미래의 아이들이 우리에게 감사할 수 있는 미래를 우리 손으로 만들어 낼 수 있을 것이다.

1) 윗글의 핵심 어구를 찾아 써 보자.

---

2) 윗글의 서술 방식으로 적절한 것은 무엇인가? (   )

　① 대상을 기준으로 나누어 설명하고 있다.

　② 구체적인 예를 들어 주장을 강화하고 있다.

　③ 시간의 흐름에 따라 내용을 설명하고 있다.

　④ 두 가지 대상을 비교하며 내용을 설명하고 있다.

3) 윗글의 내용과 같으면 ○, 다르면 × 하시오.

　① 기후 변화의 위기 상황에 대한 인식은 과학자마다 다르다. (   )

　② 북극의 만년설이 녹으면 해수면이 상승할 것이다. (   )

　③ 미래 세대는 지구 온난화 문제를 해결하지 못한 것을 비난할 것이다. (   )

4) 지구 온난화로 발생되는 문제가 아닌 것은 무엇인가? (   )

　① 해수면의 상승

　② 안정된 해류와 기후 양상의 변화

　③ 허리케인 카트리나와 같은 강력한 폭풍

　④ 벌목과 산림 방화 횟수 증가

5) 윗글에서 주장하고 있는 것은 무엇인가?

_____

_____

_____

_____

전 세계적으로 지구 온난화로 인해 발생되고 있는 이상 기후 현상, 북극의 만년설 빙하의 해빙, 이산화탄소 농도 증가로 인한 생태계 파괴는 심각한 상태이다. '지구 온난화' 문제에 대한 공익 광고를 찾아보고 어떤 내용인지 정리하여 발표해 보자.

• 광고 제목: _____

• 광고 내용: _____

_____

_____

_____

_____

_____

_____

_____

_____

◆ '지속 가능한 발전(Sustainable Development)'이란 '미래 세대를 위한 자원 능력을 잃지 않으면서 현재 세대의 필요를 충족시키는 발전'을 말한다. 다시 말해서 경제, 사회, 환경 등 분야에서 재생산이 가능하도록 절제된 상태의 개발을 의미한다. 그렇다면 '지속 가능한 발전'을 위해서는 무엇부터 실천해야 하는가? 무엇을 하지 않아야 하는가? 다음 세대를 위해 지금 우리가 실천할 수 방안은 무엇인지 이야기해 보자.

- 일회용품 사용하지 않기
- 냉난방을 효율적으로 하기
- 가까운 거리는 걸어 다니거나 자전거 이용하기
- 자가용보다 대중교통을 이용하기

- _____
- _____
- _____
- _____
- _____

• 비판적 읽기 •

1. 비판적 읽기의 개념

비판적 읽기란 독자가 단지 글의 내용을 무조건적으로 받아들이기만 하는 것이 아니라 글의 내용과 표현, 주장과 근거 등에 대해 적극적으로 평가·판단하며 독해하는 것이다.

2. 비판적 읽기의 필요성

글에는 항상 올바르고 타당한 내용과 표현만 있는 것은 아니다. 필자가 실수하여 잘못된 정보가 들어갈 수도 있고, 또한 고의로 감추거나 왜곡된 내용과 표현이 있을 수도 있다. 따라서 독자는 비판적 시각으로 글을 독해할 수 있어야 한다.

3. 비판적 읽기의 방법

사실적 정보와 추론적 의미를 확인한 바탕 위에서 독자가 자신의 가치관이나 신념, 사회적 통념, 윤리적 가치 등 여러 기준에 비추어 글의 의미와 주장을 적극적으로 이해한다.

다음과 같은 점들에 유의하여 비판적 읽기를 진행한다.

첫째, 글에 제시된 내용이 객관적 사실에 근거하고 있는지, 논리적으로 타당한지를 판단하면서 읽는다(타당성). 둘째, 글의 내용이 어느 한쪽으로 치우치지 않고 균형 있게 다루어졌는지 판단하며 읽는다(공정성). 셋째, 글에서 사용되고 있는 자료가 글의 설명이나 주장을 적합하게 잘 뒷받침하고 있는지 판단하면서 읽는다(적절성). 넷째, 글에서 사용한 자료의 출처가 명확한지, 인용 과정에서 고의적인 왜곡이나 누락이 없는지 판단하면서 읽는다(신뢰성).

※ 다음의 글을 읽고 생각해 봅시다.

> 사회자 : 이번 시간에는 '인공 지능을 면접에 활용하는 것이 바람직하다.'라는 논제로 토론을 진행하겠습니다. 찬성 측이 먼저 입론해 주신 후 반대 측에서 반대 신문을 해 주십시오.
>
> 찬성 1 : 저희는 인공 지능을 면접에 활용하는 것이 바람직하다고 생각합니다. 인공 지능을 활용한 면접은 인터넷에 접속하여 인공 지능과 문답하는 방식으로 진행됩니다. 지원자는 시간과 공간에 구애받지 않고 면접에 참여할 수 있는 편리성이 있어 면접 기회가 확대됩니다. 또한 회사는 면접에 소요되는 인력을 줄여, 비용 절감 측면에서 경제성이 큽니다. 실제로 인공 지능을 면접에 활용한 ○○회사는 전년 대비 2억 원 정도의 비용을 절감했습니다. 그리고 기존 방식의 면접에서는 면접관의 주관이 개입될 가능성이 큰 데 반해, 인공 지능을 활용한 면접에서는 빅데이터를 바탕으로 한 일관된 평가 기준을 적용할 수 있습니다. 이러한 평가의 객관성 때문에 많은 회사들이 인공 지능 면접을 도입하는 추세입니다.(…하략…)

1. 위의 토론에서 '찬성' 측의 주장과 그것을 뒷받침하는 근거가 무엇인지 정리해 보자.

찬성 주장	
근거 1	
근거 2	
근거 3	

2. '반대' 측의 입장에서 '찬성' 측의 주장과 근거를 비판해 보자.

반대 주장	
근거 1 비판	
근거 2 비판	
근거 3 비판	

다음의 문제에 대해서 어떻게 생각하는지 찬성과 반대의 입장을 밝혀 보자. 그리고 친구들의 입장에 대해서 비판해 보자.

- 존엄사 허용에 대한 찬성과 반대
- 대학교 기부금 입학 제도에 대한 찬성과 반대
- 인간 복제 기술을 통한 질병 극복 찬성과 반대
- 동물 실험에 대한 찬성과 반대
- 인터넷 실명제에 대한 찬성과 반대

부록

지문 출처

정답

지문 출처

I. 공통 영역

1과 읽기의 가치와 의미

읽기 자료 1　한철우·성낙수·고재현·곽현주·김미희·오유경·윤국한·이재형, 독서와 문법, 교학사, 2016, 17~19쪽.

읽기 자료 2　노명완, 독서의 개념과 기능, 새국어생활 제22권 제4호, 국립국어원, 2012 겨울호, 13~16쪽.

읽기의 기술　김달진, 고문진보, ㈜문학 동네, 2005, 309쪽.

2과 행복한 삶

읽기 자료 1　가토 다이조, 김윤경 역, 왜 나는 사소한 일에 화를 낼까? 추수밭, 2015, 3~13쪽.

읽기 자료 2　최인철, 나를 바꾸는 심리학의 지혜 프레임, ㈜북이십일21세기북스, 2007, 200~202쪽.

읽기의 기술　박노자, '결혼 시장'과 한국의 현실,

http://legacy.www.hani.co.kr/section-001056000/2002/03/001056000
200203252042601.html

II. 인문·예술 영역

1과 언어와 문화

들어가기　신문 기사의 사진과 내용　http://www.donga.com/DKBNEWS/3/
all/20140819/65829619/3

읽기 자료 1　EBS 〈동과 서〉 제작팀·김명진, EBS 다큐멘터리 동과 서, 지식채널, 2012, 45~49쪽.

생각 나누기　EBS 〈동과 서〉 제작팀·김명진, EBS 다큐멘터리 동과 서, 지식채널, 2012, 90쪽.

읽기 자료 2   에드워드 홀(Edward Hall), 최효선 역, 문화를 넘어서, 한길사, 2001, 125~149쪽. (6장: 맥락과 의미에서 발췌 구성)

생각 나누기   송진우, Basic 중학생을 위한 국어 용어사전, 2007, 신원문화사, 131쪽.

읽기의 기술   2008년 11월 고1 전국 연합 학력 평가, 언어 영역, 32~34번 문항 지문 응용.

2과 예술을 보는 눈

읽기 자료 1   김철회·손왕현·신창호·유상목·이경호·장동주·하성욱, 수능의 7대 함정 국어 영역 국어, 2016, EBS, 138쪽.

읽기 자료 2   진중권, 미학 오디세이 1, 휴머니스트, 2003, 33~38쪽.

읽기의 기술   5) 분석 – 두산백과, '풍력발전기' 항목.

https://terms.naver.com/entry.nhn?cid=40942&docId=1159110&categ oryId=32375

(가) (나) (다) (라) – 방민호 외, 중학 국어①, 지학사, 2009개정, 215~216쪽.

3과 문학의 세계

들어가기   신문 기사의 내용 http://news.khan.co.kr/kh_news/khan_art_view.html?ar tid=201902051107021&code=960205

읽기 자료 1   류수열 외, 국어, 금성출판사, 2018, 5, 13, 34쪽. (내용 일부 발췌 구성)

읽기 자료 2   혜민, 멈추면 비로소 보이는 것들, 수오서재, 2017, 19~42쪽.

읽기의 기술   1) 비교와 대조 – 류수열 외, 국어, 금성출판사, 2018, 13쪽.

(가) – 2011학년도 대학수학능력시험 6월 모의평가 문제지, 언어 영역, 36~38번 문항 지문 응용.

(나) – 2006학년도 대학수학능력시험 문제지, 언어 영역, 35~39번 문항 지문 응용.

(다) – 홍순민, 우리 궁궐 이야기, 청년사, 1999, 162~163쪽.

Ⅲ. 사회 과학 영역

1과 민주주의와 근대 국가

<u>들어가기</u>   2018년 민주주의 지수, 영국 시사주간지 이코노미스트 부설 조사 기관〈이코
노미스트 인텔리전스 유닛(EIU)〉

<u>읽기 자료 1</u>   김비환, 이것이 민주주의다, 개마고원, 2013, 102~107쪽.

<u>읽기 자료 2</u>   김동택, 국가 없는 정치는 가능한가?, 한국의 교양을 읽는다(김용석·이재인·
표정훈 엮음), 휴머니스트, 2003, 318~321쪽.

<u>읽기의 기술</u>   2017학년도 대학수학능력시험 6월 모의평가 문제지, 국어 영역, 20~24번
문항 응용.

2과 대중 사회와 대중 문화

<u>들어가기</u>   표준국어대사전(국립국어원) '대중 사회', '대중문화', '대중 매체' 항목

<u>읽기 자료 1</u>   백선기, 대중문화론, 커뮤니케이션북스, 2015, 2~4쪽.

<u>읽기 자료 2</u>   신형민·이영호·김준연·서수현·박진민, 고등학교 사회·문화, 비상교육,
2015개정, 105~108쪽.

<u>읽기의 기술</u>   이준구·이찬용, 경제학 들어가기, 법문사, 2003, 254~255쪽.

3과 현대 사회와 감시 권력

<u>읽기 자료 1</u>   구본권, 로봇시대, 인간의 일, 어크로스, 2015, 290~293쪽.

<u>생각 나누기</u>   2017학년도 대학수학능력시험 6월 모의평가 사회탐구 영역(생활과 윤리),
6번 문항 응용.

<u>읽기 자료 2</u>   홍성욱, 파놉티콘-정보사회 정보감옥, 책세상, 2002, 21~25쪽.

<u>읽기의 기술</u>   (가) (나) (다) - 진중권, 미학 오디세이 1, 휴머니스트, 2003, 33~39쪽.

Ⅳ. 경영 · 경제 영역

1과 경제학의 원리와 분야

읽기 자료 1   그레고리 맨큐(N. Gregory Mankiw), 김경환·김종석 역, 맨큐의 경제학, 센게이지러닝코리아, 2015, 3~5쪽.

읽기 자료 2   김상조, 손바닥 경제, 사계절, 1992, 26~28쪽.

심화 활동   이준구·이찬용, 경제학 들어가기, 법문사, 2003, 422쪽.

읽기의 기술   정해경, 섹시즘 남자들에 갇힌 여자, 휴머니스트, 2003, 32~37쪽.

2과. 소비자의 욕구와 선택

읽기 자료 1   전선규, 소비자는 좋은 제품을 선택하지 않는다, 마인드탭, 2014, 4~6쪽.

읽기 자료 2   박찬수, 마케팅원리, 법문사, 2014, 7~9쪽.

읽기의 기술   정혜경, 내가 유전자 쇼핑으로 태어난 아이라면, 뜨인돌, 2008, 84~85쪽.

3과. 돈으로 살 수 없는 것들

읽기 자료 1   김대호, 공유경제, 커뮤니케이션북스, 2018, 26~30쪽.

읽기 자료 2   마이클 샌델(Michael Sandel), 안기순 역, 돈으로 살 수 없는 것들, 와이즈베리, 2012, 37~38, 42, 60, 62~63, 67~68쪽.

읽기의 기술   줄리언 바지니(Julian Baggini), 정지인 역, 유쾌한 딜레마 여행, 한겨레출판, 2007, 129~131쪽.

Ⅴ. 자연 과학 영역

1과 생명의 불편한 진실

읽기 자료 1   정혜경, 내가 유전자 쇼핑으로 태어난 아이라면, 뜨인돌, 2008, 88~90쪽.

읽기 자료 2   마크 베코프(Marc Bekoff), 윤성호 역, 동물권리선언, 미래의창, 2010, 103~109쪽.

읽기의 기술   박완서, 그 많던 싱아는 누가 다 먹었을까?, 웅진출판사, 1992, 38~40쪽.

2과 지구가 당면한 문제들

읽기 자료 1   제임스 마틴(James Martin), 류현 역, 제임스 마틴의 미래학 강의, 김영사, 2009, 50~52쪽.

읽기 자료 2   한철우 외, 고등학교 독서와 문법, 교학사, 2017, 324~325쪽.

읽기의 기술   2020년 대학수학능력시험 국어 영역 4~7번 문항 지문 응용.

정답

1과 읽기의 가치와 의미

• 읽기 자료 1 •
....

1) ㉡

2) 첫째, 말을 사용하게 된 것이다. 둘째, 문자의 발명이다.

3)

음성 언어	음성 언어는 한번 말하고 나면 사라져 버리기 때문에 즉시적이고 일회적이다. 그리고 대화의 상황을 공유하지 않은 사람과 함께 의사소통을 하는 것이 불가능하다.
문자 언어	문자 언어는 기록을 할 수 있기 때문에 저장이 가능하고 동시대의 사람뿐만 아니라 후대의 사람들에게 전파할 수 있다. 또한 음성 언어가 가진 공간적인 제약으로부터 벗어나 보다 깊이 있고 추상적이며 수준 높은 사고를 할 수 있다.

4) 독서의 특성 또는 독서란 무엇인가

• 읽기 자료 2 •
....

1) ㉢

2) ①

3) ① ×, ② ×, ③ ○

4) (가) 독서는 의미 창조의 원동력이다.

　　(나) 독서는 지식의 획득임과 동시에 지혜의 확장이다.

　　(다) 독서는 고급 사고의 수단이요 원동력이다.

1) 백락, 천리마

2) 백락이 있고 난 후에야 천리마가 있으므로 세상에 정말로 좋은 말이 없는 게 아니라 좋은 말을 알아보는 백락이 없다는 것을 의미한다.

2과 행복한 삶

• 읽기 자료 1 •

1) ㄹ

2) 걸핏하면

3) ① ×, ② ×, ③ ○

4) 분노를 조절할 줄 아는 사람은 행복하고 성공적인 삶을 살 수 있다. 그러나 분노란 무엇인지 쉽게 정의하기 어려운데 확실한 건 분노는 상대방의 문제 때문이 아니라 나의 문제라는 것이다.

• 읽기 자료 2 •

1) (바)

2) ①, ②, ④

3) ④

4) 저자의 지도 교수이며, 『생각의 지도(The Geography of Thought)』 저자이며 이름은 리처드 니스벳(Richard Nisbett)이다.

5) 핵심어: 행복

중심문장:

① 그러나 많은 심리학 연구들은 행복은 '어디서'의 문제가 아니라 '누구와'의 문제임을 분명하게 밝혀주고 있다.

② 우리 삶에서 정말 중요한 건 '어디서'의 문제가 아니라 '누구와'의 문제인 것이다.

1. 현대 사회의 지배층

2. (나)

3. ① ×, ② ×, ③ ○

4. 현대 한국의 지배층을 분명히 보여 주는 것은 결혼정보회사들의 심사 기준표이다.

Ⅱ. 인문·예술 영역

 ## 언어와 문화

• 읽기 자료 1 •

1) 차를 마시는 상황과 동양 엄마와 서양 엄마가 아이와 놀아 주는 상황

2) 동양 엄마는 동작을 사용하여 대화를 유도하는 반면 서양 엄마는 명사를 사용하여
   대화를 함

3) ① ×, ② ×, ③ ○

4) 동사로 말하는 동양인, 명사로 말하는 서양인 또는 동서양의 언어 사용 차이 등

• 읽기 자료 2 •

1) 고맥락과 지맥락

2) ① ○, ② ×, ③ ×

3) ②

4) 오늘날은 맥락도가 낮다. 급속하게 진화하는 저맥락 체계에서는 불가피한 일이다. 따라
   서 복잡한 관계와 정보의 과잉에 대처하기 위해서는 생활 및 제도를 맥락도가 높은 방
   향으로 전환시켜 안정을 지향할 필요가 있다.

1. ㉠ 이러한 의문: 소득이 높은 사람이 낮은 사람에 비해 행복한가?

   ㉡ 이스털린의 역설: 최저 생활 수준만 벗어나 일정한 수준에 다다르면 경제 성장은 개
   인의 행복에 이바지하지 못하게 된다.

2. 최저 생활 수준만 벗어나 일정한 수준에 다다르면 경제 성장은 개인의 행복에 이바지하
   지 못하게 되는데, 이러한 현상을 '이스털린의 역설'이라 한다.

3. 미괄식

 예술을 보는 눈

• 읽기 자료 1 •

1) 회화주의 사진작가들
2) 그러나
3) 회화에 종속된 사진을 분리시켜 사진의 독자적인 기술로 있는 그대로를 찍겠다며 사진
   본래의 표현을 행동으로 보여 준 그룹
4) 한 부분을 집중적으로 강조함으로써 전체를 암시하는 사진의 상징성을 살리려고 함.
5) 사진은 예술인가 또는 회화주의 사진작가와 사진 분리파

• 읽기 자료 2 •

1) '유희 기원설'은 인간이 예술을 하게 된 이유는 원시인들이 남아도는 에너지를
   방출하기 위해 예술을 했다고 보는 것이다. 즉 근질거리는 몸을 풀기 위한 한가한 소일
   거리로 예술을 했다는 것이다.
2) 과연 구석기인의 생활이 남아도는 에너지를 발산하지 못해 안달할 정도로 편안했을지
   에 대해 의문을 제기한다. 왜냐하면 필자는 원시인들은 자연의 횡포 앞에 알몸으로 내
   던져져 있었기 때문에 한가할 틈이 없었다고 생각하기 때문이다. 이에 비해 노동 기원

설은 원시인들이 힘이 남아돌아서가 아니라 살아남아야 한다는 절박한 필요에서 춤을 추었다고 본다. 그러나 이 설명도 필자는 충분하지 않다고 생각하는데 그 이유는 벽화를 그리거나 수렵무를 춘다고 짐승이 더 잡히는 건 아니었을 것이기 때문이다.

3) ① ○, ② ×, ③ ○

4) 주술: 그 시대에 동굴 벽화는 원시인들이 경험에서 얻은 지식을 담는 유일한 수단이었기 때문에 정확한 지식을 담아야 했다. 이러한 정확한 지식을 담은 동굴 벽화를 그리고 그림 속의 들소를 죽임으로써 살아 있는 들소를 잡을 수 있다고 믿는 믿음으로 예술을 하였다. 이는 곧 주술의 힘이라고 할 수 있다.

읽기의 기술

1. 두족류란 머리[두(頭)]에 다리[족(足)]가 붙은 연체동물을 말한다.

2. 인용, 예시

3. 분류, 예시

4.

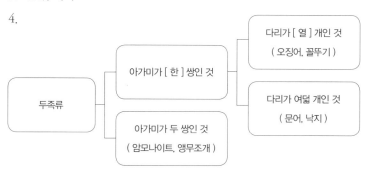

- 두족류
  - 아가미가 [한] 쌍인 것
    - 다리가 [열] 개인 것 (오징어, 꼴뚜기)
    - 다리가 여덟 개인 것 (문어, 낙지)
  - 아가미가 두 쌍인 것 (암모나이트, 앵무조개)

 **문학의 세계**

• 읽기 자료 1 •

1) 문학: 인간의 사상이나 감정, 삶의 진리, 가치 있는 경험 등을 언어를 매개로 하여 형상화하는 예술 양식

   문학의 갈래: 문학 작품을 내용과 형식의 유사성에 따라 분류하는 것

2)

	정의
서정	노래하기, 인간의 정서를 운율을 가진 언어로 형상화하는 언어 예술로, 함축적이고 절제된 언어를 활용하는 양식
서사	일반적으로 사건이나 상황을 시간의 연쇄에 따라 있는 그대로 적는 것으로 작가의 상상력을 바탕으로 꾸며 낸 이야기를 전개하는 것
극	'극(劇)'이란 사건을 대사와 행동으로 직접 보여 주는 문학 양식을 말한다. 극 갈래는 보여 주기로 인간의 삶의 모습과 갈등을 서술자 없이 배우의 대사와 행동으로 표현하는 것
교술	'가르치다[敎]'와 '서술하다[述]'가 합쳐진 말로, 교훈성을 지닌 글

3) 〈공통점〉

   ① 허구적 사건을 통해 삶의 진실을 이야기로 전달한다는 점

   ② 주제는 작가가 창조한 특정 '시·공간' 속의 '인물'들과 이들이 만들어 가는 '사건'을 통해 구체화

   〈차이점〉

   ① 서사 갈래의 경우 이야기꾼에 해당하는 서술자를 통해 이야기를 들려주는 점

   ② 극 갈래는 서술자가 없고 인물의 '대사'와 '행동'을 주요 구성 요소로 하여 갈등을 부각

4) ②

1) 세상과 마음은 분리된 것이 아니라 마음을 통해 세상을 보는 것이다.

2)

경험	행동	깨달음
집을 지을 때 ▶ 지붕에 기와를 올릴 때 ▶ 마루를 깔 때	이상하게도 어딜 가나 가정집이든 절이든 지붕 위에 있는 기와들이나 마루만 자꾸 눈에 들어왔다.	우리는 이처럼 각자의 마음이 보고 싶어 하는 부분만을 보고 사는 건 아닌가 하는 점

3) ③

4) 마음이 쉬면 세상도 쉬고, 마음이 행복하면 세상도 행복하다.

읽기의 기술

1. (가) 과정, (나) 인과, (다) 묘사

2.

결과	이글루 안은 따뜻하다
원인①	단위 면적당 태양 에너지를 많이 받음
원인②	온실 효과

3. 경회루

민주주의와 근대 국가

• 읽기 자료 1 •

1) 고전적 시대에는 민주주의를 무식하고 가난한 사람들이 수적인 우세에 입각해서 권력을 행사하는 것으로 사고하였기 때문이다.

(가)	(나)
민주주의란, 가난한 다수의 지배를 의미한다.	민주주의란, 인민의, 인민에 의한, 인민을 위한 통치를 말한다.

3)

	의미
직접 민주주의	인민(국민) 자신들이 직접 권력을 행사하며, 의사 결정이나 집행에 참여하는 정치 제도
대의 민주주의	인민(국민)이 자기 의사를 반영할 대표자를 선출하여 그 대표자에게 정치의 운영을 맡기는 정치 제도

4) 민주주의를 아십니까?, 민주주의란 무엇인가? 등

....

1)

공통점	고유의 영토를 가진 배타적 조직체(영토성)
차이점	주권의 관점에서 큰 차이가 있는데, 절대주의 국가의 주권이 왕에게 있었다면, 국민 국가의 주권은 국민에게 있다.

2)

	'근대 국가'에 대한 견해
자유주의자	만인에 대한 만인의 투쟁 상태를 극복하기 위해, 혹은 정치권력의 부재로부터 야기될 수 있는 소유권이나 생명에 대한 분쟁의 해결을 위해 계약에 의해 정치적 결사체, 즉 국가가 탄생했다고 보았다.
마르크스	국가를 지배계급의 도구라고 규정했다. 계급이 철폐되면 국가도 소멸할 것으로 보았다.
베버	국가를 역사적으로 존재하는 제도의 하나로 파악했다. 국가 기구를 지배하는 수단적 합리성은 인간 사회를 억압하는 것으로 보았다.
자유주의자 마르크스 공통점	자유주의와 마르크스 모두 국가를 필요악으로 보았다는 공통점이 있다.

3) ① ○, ② ○, ③ ×

4) ④

5) 근대 국가의 역사와 이론

읽기의 기술

1. ②

2과 대중 사회와 대중문화

• 읽기 자료 1 •
....

1)

	게마인샤프트	게젤샤프트
의미	공동 사회이다. 구성원의 결합 의지나 선택과는 상관없이 선천적이고 자연적으로 발생한 집단을 의미한다. 공동 사회는 구성원들 사이의 상호 이해 관계를 바탕으로 신념과 관습을 형성하여 친밀한 관계를 유지하게 된다. 자유롭게 가입하거나 탈퇴할 수 없다.	이익 사회이다. 구성원들의 결합 의지와 선택에 의해 후천적이고 인위적으로 발생한 집단이다. 이익 사회에는 집단의 공통적인 특정한 목적이 존재한다. 그리하여 공통의 목적을 달성하기 위하여 구성원 사이의 이해 관계에 따라 계약 절차를 거쳐 집단의 규칙을 만들게 되고, 이에 따른 지위와 역할이 개인에게 부여된다. 이익 사회는 인간관계가 타산적, 형식적이며, 개인들의 능력과 역량에 따라 자유롭게 파기하거나 탈퇴할 수 있다.
구체적인 예	가족, 친족, 마을	회사, 조합, 정당, 국가

2) ① 자본을 매개로 하는 자본주의 체제

　② 대량 생산 체제의 생산 양식

　③ 기계화 산업

　④ 임금을 근간으로 하는 노동자들 중심의 산업 인력

　⑤ 자본가들과의 계약을 통해 노동 조건과 시간을 결정하는 노동자

3) ④

4) ① ② ④

5) ②

258

• 읽기 자료 2 •
....

1) ① 산업화에 따른 소득 증대

   ② 의무 교육 확대

   ③ 보통 선거 확립

   ④ 대중의 문화적 욕구 상승

   ⑤ 대중 매체 보급

2)

순기능	• 문화적 혜택을 다수에게로 확대한다. • 적은 비용으로 다양한 오락과 휴식을 제공함으로써 대중들의 삶을 풍요롭게 한다. • 새로운 지식, 정보, 가치, 문화 등을 전달함으로써 기존의 문화를 혁신하거나 새로운 여가 문화나 놀이 문화가 확산할 수 있는 기회를 제공한다.
역기능	• 대량으로 유통되기 때문에 획일화될 수 있다 → 개인의 독창성과 개성이 쇠퇴하고 문화적 다양성이 약화될 수 있다. • 상업적 성격을 띠기 쉽기 때문에, 대중문화의 질이 낮아질 수 있다. • 정치적 무관심 조장, 정보 왜곡 및 여론 조작의 가능성이 있다.

3) 대중문화의 (비판적 수용)

4) ① ○, ② ×, ③ ○

5) ②

읽기의 기술

1. (가) 중산층을 정의하는 방법에는 크게 보아 두 가지가 있다.

   (나) 첫 번째 접근 방법의 구체적인 예로 한 사회의 중위 소득을 구하고 그것의 75%에서 125%에 이르는 범위 안의 소득을 얻는 사람을 중산층으로 보는 방법이 있다.

   (다) 또한 소득 계층 최상위 20%를 부유층으로 보고, 최하위 20%를 빈곤층으로 본 다음, 그 중간에 있는 60%의 사람들을 중산층으로 보는 방법도 있다.

(라) 두 번째 접근 방법은 절대적인 관점에서 중산층의 소득 하한선과 상한선을 구하는 것이 그 핵심이다.

(마) 하루 소득이 최소한 12달러가 되어야 중산층으로 볼 수 있다는 것은 비현실적인 판단일 수 있다.

(바) 중산층에 관한 논의를 하는 목적이 무엇이냐에 따라 적절한 것을 선택해서 쓸 수밖에 없다.

2. 중산층을 정의하는 방법에는 크게 보아 두 가지가 있는데, 논의를 하는 목적이 무엇이냐에 따라 적절한 것을 선택해서 써야 한다.

3과 현대 사회와 감시 권력

• 읽기 자료 1 •
....

1) '잊혀질 권리'란, 인터넷 공간에서 자신과 관련된 기록을 삭제할 수 있는 개인의 권리이다.

2)

차이점 1	인간의 기억은 오래 지속되지 않고 정확하지도 않지만 기계의 기억은 완벽하다.
차이점 2	사람의 기억은 중요성과 필요성이라는 맥락을 통해서 기억되고 회상되지만, 기계의 기억은 맥락(상황과 배경)을 결여한 채 입력되고 유통된다.

3) ① ×, ② ×, ③ ○

4) 과거에는 시간이 흐르면서 특별한 경우를 제외하고는 대부분의 정보가 망각되거나 접근이 제한되었지만, 인터넷 사회가 도래하면서 삭제를 요청하지 않으면 인터넷에 남겨진 모든 정보는 기본적으로 보존되고 검색되는 구조로 변화하였다. 즉 개인과 사회의 기억 시스템이 근본적으로 변화하였다.

• 읽기 자료 2 •
....

1)

	파놉티콘(panopticon)
누가 주장했는가	벤담, 푸코
용어의 의미는 무엇인가	'다 본다'라는 뜻으로, 벤담이 제안한 원형 감옥 이름
누가 감시를 하는가	간수
누가 감시를 받는가	죄수
특징 및 기능은 무엇인가	'시선의 비대칭성'으로 인해 규율 권력의 내면화가 일어나, 감시받 고 있다고 생각하게 만들어 결국 스스로 자신을 감시하게 됨

2) 서술 방식 : 대조

3)

군주 권력	근대 이전의 군주 권력은 만인이 한 사람의 권력자를 우러러보던 시선 으로 특징지어지며, 이는 달리 말하면 "스펙터클의 사회"라고도 할 수 있다.
규율 권력	근대의 규율 권력은 한 사람의 권력자가 만인을 감시하는 시선으로 특 징지어지며, 그리하여 '감시 사회'라고 할 수 있다.

4) ① ○, ② ×, ③ ○, ④ ×

5) 시선의 비대칭성이란, 죄수는 간수를 볼 수 없는 채 항상 보여지기만 하고, 간수는 보여
지지 않은 채 항상 모든 죄수를 감시할 수 있는 비대칭성을 말한다.

1. 중심 문장: '유희 기원설'이라 할 수 있는 이 가설에 따르면, 벽화나 집단무(集團舞) 같은 원시 예술은 '남아도는 에너지의 방출 통로'다.

   필자의 태도: 부정적이다.

2. 중심 문장: 이렇게 보면 예술이 유희가 아니라 노동에서 비롯된 게 틀림없는 것 같다.

   필자의 태도: 부정적이다.

3. 중심 문장: 놀랍게도 주술이 실제로 효험이 있었기 때문이다.

   필자의 태도: 긍정적이다.

4. 그 시대에 동굴 벽화는 원시인들이 경험에서 얻은 동물에 관한 모든 지식을 담는 유일한 수단이라서 주술은 실제로 효험이 있었다.

Ⅳ. 경영·경제 영역

 1과 경제학의 원리와 분야

• 읽기 자료 1 •

1) 살림: 한집안을 이루어 살아가는 일

   경제: 인간의 생활에 필요한 재화나 용역을 생산·분배·소비하는 모든 활동

   희소성: 인간의 욕구에 비해 충족 수단이 제한되어 있거나 부족한 상태

2) 경제학이란 사회가 희소 자원을 어떻게 관리하는지 연구하는 학문이다.

3)

중심 문장	(가): 그러나 가정 살림살이와 경제에는 공통점이 많다.
	(나): 즉 한 가계는 각 식구의 능력과 노력, 희망에 따라 제한된 자원(시간, 디저트, 승용차 주행 거리)을 식구들에게 나눠 주어야 하는 것이다.
	(다): 마찬가지로 한 사회가 사람들(토지, 건물, 가계와 같은 생산 요소도 동일하다)을 여러 가지 일에 종사하도록 한 뒤에는 생산된 재화와 서비스를 배분해야 한다.
중심 문장	그러나 가정 살림살이와 경제에는 공통점이 많다.

4) 모든 선택에는 대가가 있다.

5) 경제학이란 사회가 희소 자원을 어떻게 관리하는지 연구하는 학문인데, 그 첫 번째 원리는 모든 선택에는 대가가 있다는 것이다.

• 읽기 자료 2 •
....

1) 물가: 물건의 값. 여러 가지 상품이나 서비스의 가치를 종합적이고 평균적으로 본 개념
   국제 수지: 일정한 기간 동안 한 나라의 수출량과 수입량
   공황: 경제 순환 과정에서 나타나는 경제 혼란의 현상

2) 마이크로 경제: 가정의 소비자나 현장의 생산자들, 개별 기업의 활동에까지 파고 들어가서 경제를 미세하게 바라보는 사고방식
   매크로 경제: 국가 경제를 국민 소득, 물가 상승률, 투자, 저축 생산고, 국제 수지 등과 같은 나라 전체의 관점에서 분석

3) 대조, 비교

4)

	마이크로 경제	매크로 경제
명칭	미시 경제	거시 경제
분석 대상	가정과 기업	국가 혹은 가정, 기업, 국가의 관계
관심	수요자의 수요	고용 문제

5) • "나 한 사람이 무엇을 바라고 있건 그것은 세상의 움직임에 아무런 영향을 미치지 않는다."라고 생각할지도 모릅니다.
   • 지나치게 자기 자신의 주변에서 일어나는 일이라서 실감이 나지 않을지도 모릅니다.

읽기의 기술

1. 언어 '덕분'에 여성은 언제나 주변에 머문다.
2. 언어를 통해 여성을 차별하면 안 된다.

2과 소비자의 욕구와 선택

• 읽기 자료 1 •

1) ㉢

2) ②

3) • 소비자를 돈을 소비하는 사람으로 정의하는 것
   • 소비자를 제품이나 서비스를 소비하는 사람으로 정의하는 것

4)

나뉘는 부분	"소비자를 두고" 앞에서
중심 문장 1	이름이나 명칭으로 인해 실체를 이해하는 것이 방해를 받을 수 있다는 생각을 하다 보면, '소비자'라는 명칭에 대해서도 다소의 유감을 갖게 됩니다.
중심 문장 2	소비자를 두고 소비하는 사람이라고 부를 때, 우리는 돈을 소비하는 행위를 먼저 생각하게 됩니다.

5) 소비자는 돈을 소비하거나 제품을 소비하는 사람이 아니라 그 과정을 통해 가치를 실현하는 사람이다.

• 읽기 자료 2 •

1) 필요: 사람이 살아가는 데 필요한 기본적인 것들이 부족한 상태
   욕구: 필요를 충족시킬 수 있는 어떤 구체적인 수단을 원하는 것
   가치: 얻는 것과 지불하는 것의 차이
   효용: 경제에서 가치를 효용이라고 부름
2) 마케팅은 고객이 무엇을 원하는지를 아는 것이 기업의 성장을 달성하게 한다는 믿음에서 출발한다.
3) 필요는 태생적으로 갖고 있는 것이라서 마케팅이 영향을 미치기 어렵지만, 욕구는 마케팅이 영향을 미칠 수 있다.
4) ③
5) 마케팅은 고객에게 경쟁 상품들보다 더 높은 가치를 주는 상품을 제공하려 한다.

읽기의 기술

1. (가): 인간 복제 역시 위험에 노출되어 있기는 마찬가지이다.
   (나): 그러나 현재까지 밝혀진 것만 보더라도 인간 배아 복제의 경우 성공률이 매우 낮은 데다, 부작용 역시 많은 우려를 갖게 한다.

(다): 이러한 동물 복제의 성공률이 3퍼센트 수준으로 매우 낮은 것도 문제지만 복제에 성공한 동물에게서 예측하지 못한 부작용이 무차별적으로 나타났다는 것이 2001년『뉴욕타임스』에 보도된 바 있다.

(라): 복제 동물에게 일어난 다양한 부작용은 인간이 복제될 경우에도 치명적인 장애가 올 수 있음을 보여 준다.

2.

주요 단락	(가)
요약	인간 복제 역시 위험에 노출되어 있기는 마찬가지이다. 인간 개체 복제는 이득에 비해 위험의 크기와 논란의 정도가 크기 때문에 현재로서는 금지되어 있다. 그러나 줄기세포 배양의 경우, 복제된 배아의 줄기세포를 분화시켜 얻은 세포나 장기로 난치병을 치료할 수 있기 때문에 엄격한 제약이 있기는 하지만 전면적으로 금지되고 있지는 않다.

3. (1) 인간 복제 역시 위험에 노출되어 있기는 마찬가지이다. 인간 배아 복제의 경우 현재까지 밝혀진 부작용이 많다. 동물 복제의 경우에도 예측하지 못한 부작용이 무차별적으로 나타났다. 복제 동물에게 일어난 부작용은 인간이 복제될 경우에도 치명적인 장애가 올 수 있음을 보여 준다.

(2) 인간 복제 역시 위험에 노출되어 있기는 마찬가지이다. 인간 개체 복제는 이득에 비해 위험의 크기와 논란의 정도가 크기 때문에 현재로서는 금지되어 있다. 그러나 줄기세포 배양의 경우, 복제된 배아의 줄기세포를 분화시켜 얻은 세포나 장기로 난치병을 치료할 수 있기 때문에 엄격한 제약이 있기는 하지만 전면적으로 금지되고 있지는 않다.

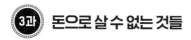

3과 돈으로 살 수 없는 것들

• 읽기 자료 1 •

1) 공유: 두 사람 이상이 한 물건을 공동으로 소유함

   ICT: 정보와 통신 기술을 융합하여 정보를 운영, 관리하는 기술을 통틀어 이르는 말

   협력: 힘을 합하여 서로 도움

2) 공유 경제는 소비자가 가진 물건, 정보, 공간, 서비스 등과 같은 자원을 다른 경제 주체와 공유해 새로운 가치를 창출하는 경제 방식이다.

3) 모바일과 초고속 인터넷이 서비스 제공자와 이용자를 신속하고 정확하게 연결시켜 오프라인 시장에서 발생하는 높은 거래 비용을 감소시켜 준다. 시간과 공간의 한계를 극복할 수 있는 이 시스템으로 인해 공유 경제의 새로운 장이 열리게 된 것이다.

4)

나뉘는 부분	(가), (나), (다), (라), (마)와 (바), (사)
중심 내용 1	ICT의 발달을 통해 새로운 공유 경제가 등장했는데, 공유 경제가 활성화되기 위해서는 공동체 내에 지식을 이해하는 사람들이 많아야 한다.
중심 내용 2	근래 공유 경제를 널리 알린 서비스로는 우버 택시와 숙박 공유 서비스 에어비앤비가 있다.

5)

주요 단락과 주제	(가), 공유 경제는 소비자가 가진 자원을 다른 경제 주체와 공유해 새로운 가치를 창출하는 경제 방식이다.
글 전체의 구성 방식	두괄식

1) 재화: 사람이 바라는 바를 충족시켜 주는 모든 물건

    줄서기: 순서대로 차례나 기회를 기다리는 것

    시장 논리: 생산과 소비, 수요와 공급에서 자유롭게 경쟁을 하는 것

2)

상대적인 개념으로 사용된 단어	성당 관계자들			
각각의 의미	경제학자	시장 논리에 따르는 사람들. 모든 재화나 서비스를 돈으로 사고팔 수 있다고 생각하는 사람들	성당 관계자들	시장논리에 따르지 않는 사람들. 돈으로 사고팔 수 없는 것도 존재한다고 생각하는 사람들

3) 손상시키는 예: 교황의 미사

    적합한 예: 페덱스, 동네 세탁소

4) 주요 단락: (라)

    주요 단락의 중심 문장: 시장적 가치는 어떤 재화를 손상시키기도 하지만 어떤 재화에는 적합하기도 하기 때문이다.

5) 궁극적으로 말하고자 하는 바: 시장적 가치는 어떤 재화를 손상시키기도 한다. 곧 돈으로 사고팔 수 없는 것도 있다.

    주제와의 관계: 궁극적으로 말하고자 하는 바는 주제와 긴밀하게 연결된다.

읽기의 기술

1. ③

2. 세계적으로 히틀러에게는 적수가 없었으며, 영국의 저항 세력은 장비도 허술하고 힘도 없었기 때문에

3. 인간 폭탄을 사용하는 것

생명의 불편한 진실

• 읽기 자료 1 •

1) 유전자 쇼핑의 뜻: 우수한 유전자를 사는 행위.

   ㉠에 들어갈 말: 부모가 원하는 대로 아기의 모습을 마음대로 만들기

2) 자신의 기준을 강요하기보다는 자식이 스스로 갈 길을 찾아가도록 묵묵히 도와주는 것

3) 예시

4) • 부모가 기대하는 기준에 맞추어 자식을 재단하게 되는 것

   • 유전자 검사가 유전자 차별의 도구로 사용되는 것

5) 유전자 쇼핑을 거쳐 태어나는 아이는 '낳아지는' 것이 아니라 '만들어진다'고 할 수 있다. 부모는 자신의 기준을 강요하기보다는 자식이 스스로 갈 길을 찾아가도록 도와줘야 한다. 유전자 쇼핑 시대에는 유전자 검사도 보편화되어 차별의 도구로 사용될 수 있다.

• 읽기 자료 2 •

1) ④

2) 코끼리는 매우 사회적이며 고도의 감정적 지각 능력을 갖춘 동물(이다.)

3) 동물원이 코끼리의 사회적, 감정적 그리고 육체적 욕구를 충족시킬 수 없다고 생각했기 때문에

4) 코끼리뿐만 아니라 그외의 동물들도 동물원에 가두는 것은 옳지 않다.

5) 요약: 최근 들어 동물들도 복수의 감정을 지닌다는 것이 밝혀지고 있다. 코끼리는 사회적이며 고도의 감정적 지각 능력을 갖춘 동물로 부당한 처우에 대하여 불만을 느끼고 복수를 하기도 한다. 동물원은 코끼리들의 사회적, 감정적 그리고 육체적 욕구를 충족시킬 수 없다.

   궁극적으로 하려는 말: 동물들과 인간과 같은 감정을 지니기 때문에 동물원에 가두어서는 안 된다.

1. ㉠ 서울 아이들은 이미 다 이런 머리를 하고 있으므로 아이들이 놀려도 나는 서울 갈 아이라는 생각에 기죽지 않은 것이다.

2. 엄마가 주인공을 서울로 데려가려고 한 일. 엄마는 내가 여자라도 서울에서 공부시켜야 한다고 생각하지만 할머니는 손녀를 보고 위안 삼는 할아버지를 생각해서라도 서울로 데리고 가는 것은 안 된다고 생각

3. 서울로 데리고 가겠다는 강한 의지를 보인 것

2과 지구가 당면한 문제들

• 읽기 자료 1 •

1) ②

2) ①

3) 생물종의 멸종을 초래하고, 신이 창조한 생물 다양성을 파괴하고, 기후 변화를 야기하고, 숲과 습지를 파괴함으로써 지구의 통합성을 흩뜨려 놓고, 독성 물질로 지구의 물과 토양, 공기, 생명을 오염시킨 것

4) ① ×, ② ○, ③ ○

5) 아름답고 철저히 고립된 행성을 잘 관리하고 유지하는 것이 중요하다.

• 읽기 자료 2 •

1) 지구 온난화

2) ②

3) ① ×, ② ○, ③ ○

4) ④

5) 지구 온난화 문제는 대단히 심각한 문제이며, 이에 대한 대책 마련과 실행이 필요하다.

1.

찬성 주장	인공 지능을 면접에 활용하는 것이 바람직하다
근거 1	편리성: 때와 장소에 얽매이지 않고 면접에 참여할 수 있는 편리함이 있다.
근거 2	경제성: 면접에 소요되는 인력을 줄음으로써 비용 절감 측면에서 경제성이 크다.
근거 3	객관성: 면접관의 주관에 영향을 받지 않고 일관된 평가 기준을 적용할 수 있어 객관적이다.

2.

반대 주장	인공 지능을 면접에 활용하는 것은 바람직하지 않다.
근거 1 비판	편리성: 기술적 결함으로 인한 문제 상황을 제시하여 지원자가 오히려 불편할 수 있다.
근거 2 비판	경제성: 당장의 경제성만 고려하게 되면, 자칫 잘못하면 미래에 더 큰 경제적 가치를 창출할 인재를 놓치게 될 우려가 있다. 따라서 장기적으로는 경제적이지 않을 수 있다.
근거 3 비판	객관성: 인공 지능의 빅데이터는 왜곡될 가능성이 있다. 빅데이터는 사회에서 형성된 정보가 축적된 결과물이기 때문에 특정 대상과 사안에 치우친 것일 수도 있다.

사고력을 키우는 학문 목적의 읽기

초판 1쇄 발행 2020년 4월 17일
초판 3쇄 발행 2023년 3월 17일

지은이 김경훤·박현수·이수미·신필여·이종호
펴낸이 유지범
책임편집 신철호
편집 현상철·구남희
마케팅 박정수·김지현
외주디자인 아베끄

펴낸곳 성균관대학교 출판부
등록 1975년 5월 21일 제1975-9호
주소 03063 서울특별시 종로구 성균관로 25-2
대표전화 02)760-1253~4
팩시밀리 02)762-7452
홈페이지 press.skku.edu

ISBN 979-11-5550-411-6 14710
        979-11-5550-162-7 (세트)

잘못된 책은 구입한 곳에서 교환해 드립니다.